Nina Wilkening

30 x Grammatik für 45 Minuten

Ausgearbeitete Stunden mit Kopiervorlagen

Klasse 3/4

Verlag an der Ruhr

Impressum

Titel
30 x Grammatik für 45 Minuten – Klasse 3/4
Ausgearbeitete Stunden mit Kopiervorlagen

Autorin
Nina Wilkening

Titelbildmotiv
© Cora Müller – Fotolia.com

Illustrationen
Norbert Höveler u. a.

Verlag an der Ruhr
Mülheim an der Ruhr
www.verlagruhr.de

Geeignet für die Klassen 3–4

Bildnachweise

Alle von Fotolia.com
S. 24: ® Seamartini Graphics
S. 30: © iconshow

Unser Beitrag zum Umweltschutz
Wir sind seit 2008 ein ÖKOPROFIT®-Betrieb und setzen uns damit aktiv für den Umweltschutz ein. Das ÖKOPROFIT®-Projekt unterstützt Betriebe dabei, die Umwelt durch nachhaltiges Wirtschaften zu entlasten. Unsere Produkte sind grundsätzlich auf chlorfrei gebleichtes und nach Umweltschutzstandards zertifiziertes Papier gedruckt.

ISBN 978-3-8346-2489-5

Printed in Germany

Inhaltsverzeichnis

Inhaltsverzeichnis

Vorwort

Liebe Leser*,
Grammatik ist ein Pflichtthema im Deutschunterricht, das bei vielen Schülern und Lehrern keinen besonders guten Ruf hat – zu Unrecht. Grammatikthemen eignen sich wunderbar, um sie in abgeschlossenen Kurzeinheiten in die aktuelle Unterrichtseinheit einzubauen, oder aber auch, um sie in Einzelstunden immer wieder aufzugreifen und die Inhalte zu festigen. Grammatik ist außerdem in den meisten Fällen eindeutig und ermöglicht ein planvolles Vorgehen, bei dem Grammatikregeln angewandt werden.

Zum Einsatz des Buches

Das vorliegende Buch bietet Ihnen mehrere Einsatzmöglichkeiten:

- Sie können die einzelnen Stunden zur Vertiefung oder je nach Stunde auch zur Einführung einsetzen, wenn Sie ein bestimmtes grammatikalisches Thema behandeln.
- Sie können die Stunden einsetzen, wenn Sie zur Vertretung in einer 3. oder 4. Klasse eingesetzt sind und nicht viel Zeit zur Vorbereitung haben.
- Sie können eine Grammatikstunde in einer Einzelstunde vor einem Ferienabschnitt oder zwischen zwei Unterrichtseinheiten zur Wiederholung eines Themas einsetzen.
- Wenn Sie, wie ich, einmal pro Woche eine Deutsch-Förderstunde unterrichten, können Sie das Inhaltsverzeichnis als Jahresplan nutzen und pro Woche eine Stunde aus diesem Buch unterrichten. Mit größter Wahrscheinlichkeit werden Sie mit den 30 Stunden für ein Schuljahr auskommen.

Zum Aufbau des Buches

In „30 x Grammatik für 45 Minuten" finden Sie 30 fertig ausgearbeitete Schulstunden, die Sie sofort durchführen können. Die Stunden sind entweder Übungs- oder Einführungsstunden, je nachdem, ob die Kinder schon Vorwissen zu dem behandelten Thema haben. Dies müssen Sie vor der Auswahl der Stunden bedenken. Ansonsten besteht Ihre Vorbereitung lediglich darin, den Ablauf durchzulesen und die zu jeder Stunde gehörenden Materialien in Klassenstärke zu kopieren. In wenigen Fällen sind zusätzliche Vorbereitungen nötig, die aber nicht länger als fünf Minuten dauern. Ab und zu werden außerdem weitere Materialien (Würfel oder großformatiges Papier) benötigt, die sich aber ebenfalls in jedem Schulhaus schnell finden lassen sollten.

Für die grammatischen Begriffe werden für die Kinder deutsche oder lateinische Termini verwendet oder auch beide gemeinsam aufgeführt, je nach Gebräuchlichkeit. In den Beschreibungen zur Stunde erhalten Sie Hinweise

- zum behandelten Grammatikthema (Grammatikinformationen),
- zu den Kompetenzerwartungen,
- zu den Materialien,
- zum Ablauf der einzelnen Phasen mit Angabe der jeweiligen Dauer, außerdem z. T. Variationen und Hinweise zur Differenzierung,
- zu den Lösungen der Aufgaben.

Im Anschluss an die Stundenbeschreibungen finden Sie Materialseiten als Kopiervorlage zum direkten Einsatz, u. a. Logikrätsel, Kreuzworträtsel, Würfelspiele, Puzzles. Ich habe großen Wert darauf gelegt, dass die „trockenen" Grammatikthemen mit spielerischen, kooperativen Methoden verbunden werden, um so Spaß an der Sprache zu wecken und bessere Behaltensleistungen zu erzielen.

Ich wünsche Ihnen und Ihren Schülern* viel Spaß mit „30 x Grammatik für 45 Minuten"!

Ihre Nina Wilkening

* Aus Gründen der besseren Lesbarkeit haben wir in diesem Buch durchgehend die männliche Form verwendet. Natürlich sind damit auch immer Frauen und Mädchen gemeint, also Lehrerinnen, Schülerinnen etc.

Übersichtstabelle in alphabetischer Reihenfolge

Thema	Stunde		Medien	Seite
Adjektive, Steigerung (Komparativ)	13	Übungsstunde	Vergleiche finden	43
Adjektive, Steigerung (Komparativ, Superlativ)	14	Übungsstunde	Zuordnung von Bildern	46
Akkusativobjekt	22	Übungsstunde	Interview	69
Akkusativobjekt und Subjekt	23	Übungsstunde	Zeitungsartikel	72
Aufforderungsform (Imperativ)	2	Übungsstunde	Lesekette	10
Dativobjekt	24	Übungsstunde	Logikrätsel	74
Einzahl und Mehrzahl von Nomen	11	Übungsstunde	Kreuzworträtsel	36
Fragesätze mit W-Fragen	30	Übungsstunde	Bingo	92
Futur	8	Übungsstunde	Ferienpläne	29
Genitivattribut	25	Übungsstunde	Logikrätsel	78
Grundform von Verben	1	Übungsstunde	Lotto	8
Nomen und Artikel	10	Übungsstunde	Puzzle	33
Ortsangaben	28	Einführungsstunde	Spiel	86
Oberbegriffe	12	Einführungsstunde	Kooperatives Spiel	40
Perfekt	6	Einführungsstunde	Spiel	22
Prädikat	21	Übungsstunde	Spiel	66
Prädikate im Aussagesatz	29	Einführungsstunde	Kartenspiel	88
Präsens	3	Einführungsstunde	Punktebild	13
Präteritum – Schwache Verben	4	Einführungsstunde	Würfelspiel	16
Präteritum – Starke Verben	5	Übungsstunde	Schwarzer Peter	19
Personalpronomen	17	Einführungsstunde	Rätsel	53
Plusquamperfekt	7	Einführungsstunde	Labyrinth	26
Possessivpronomen	18	Einführungsstunde	Logikrätsel, Freundebuchseite	55
Subjekt	20	Übungsstunde	Subjektschlange (Domino)	64
Umstellprobe	26	Einführungsstunde	Zungenbrecher	81
Wortarten	16	Übungsstunde	Würfelspiel	51
Wortfeld	19	Einführungsstunde	Suchsel, Textüberarbeitung	59
Zeitpunkte und Zeitspannen	27	Übungsstunde	Spiel	83
Zeitformen, verschiedene	9	Übungsstunde	Puzzle	31
Zusammengesetzte Wörter	15	Einführungsstunde	Wörterblumen	49

Wortarten

1. Die Grundform von Verben

Übungsstunde

Grammatikinformationen

Die Grundform (der Infinitiv) eines Verbs wird gebildet, indem man an den Wortstamm die Endung **-en** hängt (**renn-** + **-en** = **rennen**). Bei Verben im Präsens stimmt die Grundform mit den Formen der 1. und der 3. Person im Plural (**wir rennen**, **sie rennen**) überein. Wenn man ein Verb mit **muss**, **soll** oder **würde** verbindet, erhält man ebenfalls die Grundform.

Kompetenzerwartungen

Die Schüler können konjugierten Verbformen die passenden Grundformen zuordnen.

Materialliste

KV „Grundformen-Lotto"
(pro Spielgruppe einmal kopiert, eine weitere Kopie)

Stundenverlauf

Einstieg (ca. 5–10 Min.)

Schreiben Sie an die Tafel „Ich würde jetzt gerne ...". Bitten Sie die Schüler, den Satz zu vervollständigen, und schreiben Sie einige Vorschläge untereinander unter den Satzanfang (z. B. im Bett liegen, fernsehen, ein Eis essen). Bitten Sie die Kinder, dabei besonders auf die Verbformen zu achten. Arbeiten Sie mit ihnen heraus, dass es um Grundformen geht, und unterstreichen Sie die Grundformen in den Beispielen. Es sollte deutlich werden, dass eine Grundform aus dem Wortstamm und der Endung **-en** zusammengesetzt ist. Die Grundform stimmt mit der 1. und der 3. Person im Präsens Plural überein oder lässt sich durch Anhängen an **würde** finden.

Arbeitsphase (ca. 25 Min.)

Teilen Sie die Klasse in 2er-oder 4er-Gruppen ein. Wenn Sie 2er-Gruppen bilden, nehmen die Kinder nur die obere Hälfte des Blattes oder aber jeweils zwei Spielfelder (s. Differenzierung).

Die Kinder zerschneiden das Arbeitsblatt, sodass jeder ein Spielfeld erhält und die zu den Spielfeldern passenden Karten ausgeschnitten wurden.

Die Karten werden verdeckt auf den Tisch gelegt. Nacheinander ziehen die Kinder jeweils eine Karte und ordnen sie dem eigenen Spielfeld oder dem des Mitspielers/der Mitspieler zu. Die Grundform-Karte wird auf das Kästchen mit der konjugierten Form auf dem Lotto-Spielfeld gelegt. Wer als Erster sein Spielfeld gefüllt hat, hat gewonnen.

Differenzierung

Schwächere Schüler bilden 2er-Gruppen und bekommen nur die obere Hälfte des Blattes, stärkere Schüler bilden 2er-Gruppen und spielen mit jeweils zwei Feldern.

Schnelle Gruppen können das Spiel auch mehrfach spielen. Die Spielfelder sollten dann untereinander ausgetauscht werden.

Schreiben Sie während der Arbeitsphase auf die beiden Außentafeln zwei der vier Spielfelder.

Abschluss/Reflexion (ca. 10 Min.)

Spielen Sie zum Abschluss gegen Ihre Schüler. Ihnen gehört eines der beiden Spielfelder an der Tafel, der Klasse das andere. Bitten Sie um einen Kartensatz und legen Sie die Karten verdeckt auf Ihr Pult. Bitten Sie immer einen Schüler nach vorne, der eine Karte zieht. Lassen Sie die Kinder die Zuordnung zu Ihrem bzw. dem Spielfeld der Klasse vornehmen. Schreiben Sie die Grundformen in die Felder an der Tafel. Gewonnen hat, wer zuerst alle Felder mit Grundformen gefüllt hat.

Grundformen-Lotto

Spieler 1		
ich gehe	du bringst	wir nehmen
ich vergaß	ihr sucht	sie hielten
du kamst	er glaubte	sie niesten

Spieler 2		
ich lag	ihr rieft	du gucktest
er lächelte	sie fiel	wir liefen
ihr denkt	ich holte	du singst

gehen	bringen	nehmen	liegen	rufen	gucken
vergessen	suchen	halten	lächeln	fallen	laufen
kommen	glauben	niesen	denken	holen	singen

Spieler 3		
ich hoffe	du trägst	wir bekamen
ich merkte	ihr sprangt	sie pfiffen
du knickst	er hüpft	sie starteten

Spieler 4		
ich kickte	ihr sprecht	du greifst
er bohrt	sie weint	wir gruben
ihr verbogt	ich log	du grillst

hoffen	tragen	bekommen	kicken	sprechen	greifen
merken	springen	pfeifen	bohren	weinen	graben
knicken	hüpfen	starten	verbiegen	lügen	grillen

2. Aufforderungsform (Imperativ)

Übungsstunde

Grammatikinformationen

Der Imperativ (Aufforderungsform) eines Verbs wird dazu verwendet, einen Befehl, eine Aufforderung oder eine Bitte auszudrücken. Sie wird unmittelbar an eine oder mehrere Personen gerichtet.

Die Imperativform im Singular entspricht der 1. Person Singular Präsens ohne das Pronomen (**ich gehe – Gehe weg!**, **ich rufe – Rufe doch!**). In der Alltagssprache wird häufig auch das **-e** am Ende weggelassen (**ich rufe – Ruf doch!**, **ich komme – Komm schon!**). Im Plural wird an den Stamm ein **-t** angehängt (**Geh-t!**, **Lauf-t!**).

Kompetenzerwartungen

Die Schüler wissen, dass Aufforderungen durch den Imperativ ausgedrückt werden, und können Imperative im Singular und Plural bilden.

Materialliste

- KV „Lesekette 1" (Klassensatz)
- KV „Lesekette 1" (einmal kopiert und in Karten geschnitten)
- KV „Lesekette 2" (einmal auf Folie kopiert)
- ein Folienstift
- Overheadprojektor

Stundenverlauf

Einstieg (ca. 10 Min.)

Mischen Sie die Lesekärtchen und verteilen Sie diese an die Schüler. Achten Sie darauf, dass leseschwache Schüler weniger Text, lesestarke Schüler mehr Text bekommen. Wenn Sie weniger als 24 Schüler in der Klasse haben, geben Sie den lesestarken Schülern mehrere Lesekärtchen. Lassen Sie den Schülern einen Moment Zeit, um ihr Kärtchen zu lesen.

Starten Sie die Lesekette, indem Sie laut und deutlich „Guten Morgen" sagen. Die Schüler führen nacheinander die Aufträge auf ihren Kärtchen aus, bis der letzte Schüler „Das ist das Ende." gesagt hat.

Lesen Sie Ihre Karte noch einmal vor und schreiben Sie **stehe auf** und **setze dich** untereinander an die Tafel. Bitten Sie die Schüler, die Grundformen der beiden Imperative zu nennen, und schreiben Sie diese dahinter (**stehe auf – aufstehen, setze dich – sich setzen**). Erklären Sie den Schülern, dass die ersten Formen „Aufforderungsform (Imperativ)" heißen. Bitten Sie die Schüler, die Imperative auf ihren Karten und die dazu gehörenden Grundformen (Infinitive) zu nennen.

Leiten Sie zur Arbeitsphase über und erklären Sie den Schülern, dass es auch in der nächsten Phase um die Lesekette und um Imperative gehen wird.

Arbeitsphase (ca. 15–20 Min.)

Verteilen Sie das Arbeitsblatt (KV „Lesekette 1") und besprechen Sie mit den Kindern die Aufgabe. Die Kinder unterstreichen die Imperativformen auf der Lesekette und schreiben Imperative und Infinitive ins Heft.

Abschluss/Reflexion (ca. 10–15 Min.)

Bitten Sie die Schüler, ihre Ergebnisse vorzulesen. Legen Sie die Folie (KV „Lesekette 2") auf den Overheadprojektor und bitten Sie ein Kind, die Aufgabe vorzulesen und zu erklären. Füllen Sie die Lücken gemeinsam mit den Schülern aus. Teilen Sie die Klasse in zwei Gruppen ein und bestimmen Sie, wer Gruppe 1 und wer Gruppe 2 ist. Erklären Sie den Kindern, dass nun gemeinsam die zweite Lesekette ausprobiert werden soll. Damit sie gelingt, müssen alle aufpassen, schnell mitlesen und rasch handeln. Geben Sie das Startkommando und zeigen Sie auf der Folie an, welche Gruppe wann dran ist.

Lesekette 1

1. **Lies die Karten und unterstreiche die Aufforderungsformen (Imperative).**
2. **Schreibe die Aufforderungsform (Imperativ) und die Grundform ins Heft: stehe auf – aufstehen.**

Wenn jemand „Guten Morgen“ sagt, stehe kurz auf und setze dich wieder.	Wenn jemand aufsteht, gehe zur Tür und öffne sie.	Wenn jemand zur Tür geht und sie öffnet, rufe laut „Juchu“.	Wenn jemand laut „Juchu“ ruft, gehe zur Tür und schließe sie.
Wenn jemand die Tür schließt, schreie „Oh nein!“	Wenn jemand „Oh nein!“ schreit, pfeife ein kurzes Lied.	Wenn jemand pfeift, klatsche 3-mal in die Hände.	Wenn jemand 3-mal in die Hände klatscht, stehe auf und schüttele den Kopf.
Wenn jemand aufsteht und den Kopf schüttelt, trampele 3-mal mit den Füßen auf den Boden.	Wenn jemand mit den Füßen auf den Boden trampelt, huste 3-mal laut.	Wenn jemand 3-mal laut hustet, stehe auf und springe in die Luft. Setze dich danach wieder hin.	Wenn jemand aufsteht und in die Luft springt, gehe zum Wasserhahn und öffne ihn leicht. Setze dich dann wieder hin.
Wenn jemand den Wasserhahn öffnet, gehe hin und drehe ihn wieder zu.	Wenn jemand den Wasserhahn zudreht, gähne laut und strecke dich aus.	Wenn jemand gähnt und sich ausstreckt, flüstere „Schlaf gut.“	Wenn jemand flüstert „Schlaf gut“, setze dich auf den Tisch und zähle laut bis 3.
Wenn sich jemand auf den Tisch setzt und laut bis 3 zählt, male ein Herz an die Tafel.	Wenn jemand ein Herz an die Tafel malt, lächele und sage „Wie schön!“	Wenn jemand „Wie schön!“ sagt, gehe zur Tafel und wische das Herz weg.	Wenn jemand das Herz an der Tafel wegwischt, tue so, als ob du telefonierst, und schreie: „Hallo, ich kann nichts hören!“
Wenn jemand so tut, als telefoniere er, lege dich auf den Tisch und schnarche 3-mal laut.	Wenn jemand laut schnarcht, fange an, zu weinen.	Wenn jemand anfängt, zu weinen, gehe zu ihm und tröste ihn.	Wenn jemand einen anderen tröstet, stehe auf und verkünde: „Das ist das Ende.“

Lesekette 2

Hier ist eine kürzere Lesekette.
Nun soll die ganze Klasse mitmachen.

1. Fülle die Lücken mit den Aufforderungsformen (Imperative) in der Mehrzahl (Plural).

2. Spielt dann die Lesekette in zwei Gruppen. Dabei ist es wichtig, dass alle schnell lesen, damit alle in der Gruppe gleichzeitig handeln.

Gruppe 1	Gruppe 2
Wenn jemand „Hallihallo“ sagt, → steht auf und setzt euch wieder. *(aufstehen)*	Wenn Gruppe 1 aufsteht, → ______________ laut. *(niesen)*
Wenn Gruppe 2 laut niest, → ______________ „Gesundheit“. *(sagen)*	Wenn Gruppe 1 „Gesundheit“ sagt, → ______________ . *(kichern)*
Wenn Gruppe 2 kichert, → ______________ die Zunge heraus. *(strecken)*	Wenn Gruppe 1 die Zunge herausstreckt, → ______________ . *(sich wegdrehen)*
Wenn Gruppe 2 sich wegdreht, → ______________ . *(sich entschuldigen)*	Wenn Gruppe 1 sich entschuldigt, → ______________ freundlich. *(lächeln)*

3. Präsens

Einführungsstunde

Grammatikinformationen

Das Präsens ist die Zeitform der Gegenwart. An den Wortstamm werden folgende Endungen gehängt:

	Singular		Plural	
	Schwache Verben	Starke Verben	Schwache Verben	Starke Verben
1. Person	ich hol-**e**	ich geb-**e**	wir hol-**en**	wir geb-**en**
2. Person	du hol-**st**	du gib-**st**	ihr hol-**t**	ihr geb-**t**
3. Person	er/sie/es hol-**t**	er/sie/es gib-**t**	sie hol-**en**	sie geb-**en**

Kompetenzerwartungen

Die Schüler kennen die Personalformen der Konjugation und können ein Verb im Präsens konjugieren.

Materialliste

KV „Präsens-Punktebild" (Klassensatz)

Stundenverlauf

Einstieg (ca. 10 Min.)

Schreiben Sie in zwei Spalten die Personalformen der Konjugationstabelle untereinander an die Tafel

- linke Spalte: 1. **ich**, 2. **du**, 3. **er/sie/es**,
- rechte Spalte: 1. **wir**, 2. **ihr**, 3. **sie/mehrere**.

Sprechen Sie den Schülern die Konjugation des Verbs malen vor (**ich male, du malst …**). Machen Sie dazu unterstützend folgende Bewegungen:

- **ich**: Zeigen Sie auf sich selbst.
- **du**: Zeigen Sie auf ein Kind.
- **er/sie/es**: Zeigen Sie nacheinander auf einen Jungen, ein Mädchen, ein Buch.
- **wir**: Machen Sie mit der nach oben geöffneten Handfläche eine einladende (kreisende) Bewegung vor dem Körper.
- **ihr**: Zeigen Sie mit beiden Zeigefingern auf die Klasse.
- **sie**: Zeigen Sie mit beiden Händen in die Richtung des Nachbarklassenzimmers.

Konjugieren Sie auf diese Weise zusammen mit den Kindern auch die Verben **schauen, sagen, holen** und **hüpfen**. Achten Sie darauf, dass alle Kinder die Bewegungen mitmachen.

Arbeitsphase (ca. 25 Min.)

Verteilen Sie das Arbeitsblatt (KV „Präsens-Punktebild"). Bitten Sie ein Kind, den Merkkasten vorzulesen. Lassen Sie das Gelesene von einem Kind mit seinen eigenen Worten wiederholen. Schauen Sie mit den Schülern gemeinsam das Punktebild an, lesen und besprechen Sie mit ihnen den Arbeitsauftrag. Weisen Sie die Schüler darauf hin, dass sie in der Reihenfolge der Personalformen (erst alle Singularformen, dann alle Pluralformen) die Punkte verbinden müssen.

Die Schüler verbinden auf dem Arbeitsblatt die Verbformen in verschiedenen Farben. Sind alle Verbformen richtig verbunden, ist ein braunes Schiff mit einem roten Mastbaum und weißem Segel zu sehen, das auf blauen Wellen fährt.

Im Anschluss schreiben die Schüler die Verbreihen in ihr Heft.

3. Präsens
Einführungsstunde

Differenzierung

Schnelle Schüler finden weitere Verbreihen und schreiben sie ins Heft.

Abschluss/Reflexion (ca. 10 Min.)

Spielen Sie mit den Schülern das Spiel „Macht nichts". Stellen Sie sich mit ihnen in einem Kreis vor der Tafel auf. Die Schüler sollten das Tafelbild aus der Einstiegsphase sehen können. Sagen Sie „ich kaufe". Das Kind, das links neben Ihnen steht, sagt „du kaufst". Die folgenden Kinder setzen die Konjugationsreihe fort, bis sie zu Ende ist. Das Kind, das dann dran wäre, sagt „Macht nichts" und setzt sich hin. Geben Sie ein neues Verb vor. Das Spiel geht so lange, bis nur noch ein Kind steht.

Lösung

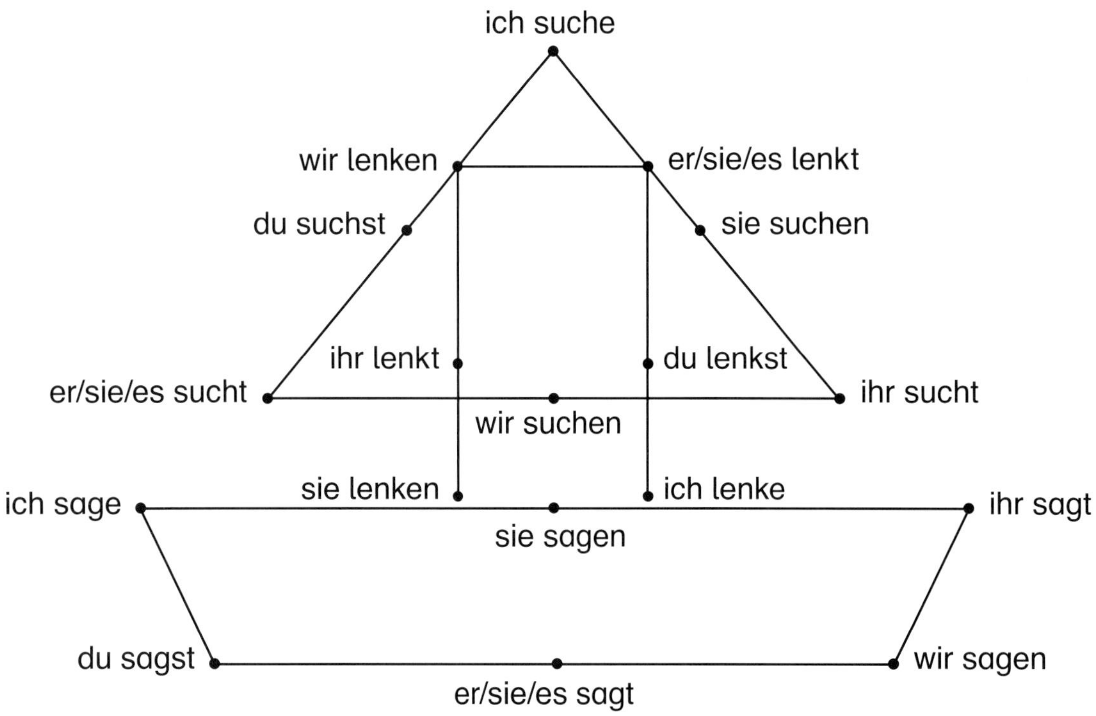

Präsens-Punktebild

Denk dran:

Alles, was jetzt geschieht, geschieht in der Gegenwart.
Die Zeitform der Gegenwart nennt man **das Präsens**.
Die Formen des Präsens:

Einzahl (Singular)		**Mehrzahl (Plural)**	
1. Person:	ich lach-e/geb-e	1. Person:	wir lach-en/geb-en
2. Person:	du lach-st/gib-st	2. Person:	ihr lach-t/geb-t
3. Person:	er/sie/es lach-t/gib-t	3. Person:	sie lach-en/geb-en

ACHTUNG: Verben bestehen aus einem Wortstamm (geb- oder lach-) und den Endungen (-e, -st, -t, …).
Bei einigen Verben ändert sich der Wortstamm:
Bei geben verändert sich der Wortstamm zu gib- (geben – du gibst).
Solche Verben heißen starke Verben.

1. Suche den Weg von der 1. Person Einzahl (ich) bis zur 3. Person Mehrzahl (sie) und wieder zur 1. Person Einzahl. Verbinde die Punkte für jedes Verb mit einem anderen Farbstift:

Verb sagen = braun
Verb lenken = Bleistift
Verb suchen = rot

ich suche •

wir lenken • • er/sie/es lenkt

du suchst • • sie suchen

ihr lenkt • • du lenkst

er/sie/es sucht • • wir suchen • ihr sucht

ich sage • sie lenken • • sie sagen • ich lenke • ihr sagt

du sagst • • er/sie/es sagt • wir sagen

2. Schreibe die Verbreihen in dein Heft. Schreibe so: ich sage, du sagst …

4. Präteritum – Schwache Verben

Einführungsstunde

Grammatikinformationen

Die meisten deutschen Verben sind schwache Verben. Als schwache Verben bezeichnet man Verben, bei denen der Verbstamm in allen Zeitformen und Modi (Indikativ und Konjunktiv) gleich bleibt, z. B. **lach**-en, er **lach**-t, er **lach**-te, er hat ge-**lach**-t.

Konjugationstabelle für schwache Verben im Präteritum:

	Singular	Plural
1. Person	ich lach-**te**	wir lach-**ten**
2. Person	du lach-**test**	ihr lach-**tet**
3. Person	er/sie/es lach-**te**	sie lach-**ten**

Kompetenzerwartungen

Die Schüler kennen die Konjugation von schwachen Verben im Präteritum und können Verbformen im Präteritum bilden.

Materialliste

- KV „Präteritum-Würfelspiel" (Klassensatz)
- pro Schülergruppe ein Würfel

Stundenverlauf

Einstieg (ca. 15 Min.)

Schreiben Sie an die Tafel untereinander folgende Verbformen, lassen Sie links davon ausreichend Platz: **ich lob-te, du frag-test, er/sie/es lach-te, wir such-ten, ihr mach-tet, sie hol-ten**. Fordern Sie die Schüler auf, die entsprechenden Verbformen im Präsens zu nennen, und schreiben Sie diese links neben die Präteritumsformen (**ich lob-e → ich lob-te**). Fordern Sie die Schüler auf, sich die Verbformen anzuschauen. Sie sollen nun die Merkmale nennen, die in beiden Zeiten gleich bleiben (Personalpronomen und Verbstamm).

Unterstreichen Sie die Verbstämme zur Verdeutlichung bzw. lassen Sie die Schüler dies vornehmen. Wischen Sie am Ende die Verbformen im Präsens und die Pfeile weg, kreisen Sie alle Endungen im Präteritum ein und schreiben Sie **Präteritum** über die Verbformen. Erklären Sie den Kindern, dass der lateinische Name für diese Zeit **Präteritum** ist, dass sie aber auf Deutsch auch **1. Vergangenheit** genannt wird.

Variation

Schreiben Sie den folgenden Merksatz an die Tafel und lassen Sie ihn von den Schülern ins Heft übertragen. Schüler, die fertig sind, können am Treffpunkt auf andere warten und mit dem Spiel beginnen. Die Einstiegsphase verlängert sich dann, sodass Sie damit rechnen müssen, dass das Abschlussspiel kürzer ausfällt oder wegfallen muss.

Merksatz

- Wenn wir Geschichte aus der Vergangenheit erzählen wollen, benutzen wir die Zeitform **„Präteritum"**. Verben, bei denen der Stamm in allen Zeiten gleich bleibt, nennt man **„schwache Verben"**.

4. Präteritum – Schwache Verben

Einführungsstunde

Arbeitsphase (ca. 20–25 Min.)

Verteilen Sie an jeden Schüler ein Arbeitsblatt (KV „Präteritum-Würfelspiel") und pro Gruppe einen Würfel. Die Spielgruppen sollten aus 2–4 Mitspielern bestehen. Der Reihe nach wird gewürfelt und je nach Augenzahl eine Verbform in die Tabelle eingetragen. Wer seine Tabelle gefüllt hat, hat gewonnen.

Differenzierung

Schüler, die bereits fertig sind, wählen noch ein weiteres Verb aus, schreiben dieses in die Zeile mit dem * und spielen weiter, bis sie auch für dieses Verb alle Formen gefunden haben.

Leistungsschwache Schüler können Sie unterstützen, indem Sie im Vorfeld die zusammengehörenden Verbformen in unterschiedlichen Farben/durch unterschiedliche Unterstreichungen kennzeichnen und/oder Verbformen wegstreichen.

Abschluss/Reflexion (ca. 5–10 Min.)

Brechen Sie das Spiel ab, auch wenn noch nicht alle Gruppen fertig sind. Fordern Sie die Schüler auf, sich in zwei Reihen so aufzustellen, dass die vordersten Schüler etwa zwei Meter von Ihnen entfernt stehen. In beiden Reihen sollten gleich viele Schüler stehen.

Nennen Sie den ersten beiden Schülern eine Verbform im Präsens. Die beiden Schüler versuchen, möglichst schnell die entsprechende Form im Präteritum zu bilden. Wer dies als Erster richtig schafft, hat gewonnen und darf den anderen mit in seine Mannschaft nehmen. Beide stellen sich hinten in der Mannschaft des Siegers an. Das Spiel ist zu Ende, wenn es nur noch eine Mannschaft gibt.

Hinweis: Achten Sie darauf, dass Sie nur schwache Verben verwenden.
Hier einige Vorschläge:

- ich frage
- du spielst
- wir suchen
- er lacht
- sie tanzt
- ihr glaubt
- ich träume
- es lebt
- du kochst
- ihr lächelt
- wir zeigen
- sie teilen

Präteritum-Würfelspiel

1. Spielt das Spiel zu zweit, zu dritt oder zu viert:
- Würfelt nacheinander. Sucht eine passende Verbform, streicht sie durch und schreibt sie in die richtige Spalte.
- Gewonnen hat, wer alle Verbformen aufgeschrieben hat.

ich spiel-te sie spiel-ten sie such-ten du such-test wir spiel-ten du spiel-test er/sie/es spiel-te ihr lach-tet wir such-ten er/sie/es lach-te ihr spiel-tet

	⚀ ich …	⚁ du …	⚂ er/sie/es …
spiel-en			
frag-en			
such-en			
lach-en			
*			

	⚃ wir …	⚄ ihr …	⚅ sie/mehrere …
spiel-en			
frag-en			
such-en			
lach-en			
*			

ich lach-te sie frag-ten ich frag-te ich such-te wir lach-ten ihr such-tet er/sie/es frag-te ihr frag-tet sie lach-ten wir frag-ten du lach-test du frag-test er/sie/es such-te

5. Präteritum – Starke Verben
Übungsstunde

Grammatikinformationen

Bei starken Verben verändert sich der Verbstamm innerhalb der Konjugation. Bei einigen Verben bleibt der Verbstamm im Präsens erhalten und verändert sich in anderen Zeitformen: ich **schreib**-e, du **schreib**-st, aber: ich schrieb; ich **geh**-e, du **geh**-st, aber: ich ging.

Bei anderen Verben verändert sich der Verbstamm zusätzlich auch im Präsens: z. B. ich **nehm**-e, du **nimm**-st, ich nahm. Allen starken Verben ist gemeinsam, dass sie den Verbstamm im Präteritum verändern.

Konjugationstabelle für starke Verben im Präteritum (Beispiel: **gehen**):

	Singular	**Plural**
1. Person	ich **ging**	wir **ging-en**
2. Person	du **ging-st**	ihr **ging-t**
3. Person	er/sie/es **ging**	sie **ging-en**

Kompetenzerwartungen

Die Schüler wissen, dass es starke Verben gibt, bei denen sich der Verbstamm im Präteritum verändert. Sie kennen Formen ausgewählter starker Verben im Präsens und Präteritum.

Materialliste

- KV „Präteritum-Schwarzer-Peter" (Klassensatz, auf festes Papier kopiert)
- pro Schüler eine Schere
- evtl. für jeden Schüler einen Briefumschlag, um das Schwarzer-Peter-Spiel aufzubewahren (den Umschlag können die Schüler notfalls auch alleine basteln)

Stundenverlauf

Einstieg (ca. 10 Min.)

Schreiben Sie folgende Verbformen untereinander an die Tafel: **er zeigt – er fragt – er schiebt – er liegt – er lobt – er läuft – er sagt**. Fordern Sie die Schüler auf, die dazu gehörenden Präteritumsformen zu nennen, und schreiben Sie diese rechts neben die Präsensformen (**er zeigt – er zeigte**). Bitten Sie die Kinder, die Formen anzusehen und Unterschiede und Gemeinsamkeiten zu nennen. Arbeiten Sie mit den Kindern heraus, dass bei den schwachen Verben der Verbstamm im Präsens und im Präteritum gleich bleibt, während er sich bei den starken Verben ändert. Erklären Sie den Schülern, dass die Verben, bei denen sich der Verbstamm ändert, **starke Verben** heißen.

Leiten Sie zur Arbeitsphase über.

Arbeitsphase (ca. 20–25 Min.)

Einzelarbeitsphase: Verteilen Sie das Arbeitsblatt (KV „Präteritum-Schwarzer-Peter"). Fordern Sie die Schüler auf, alle Karten mit den eigenen Initialen zu kennzeichnen und sie dann auszuschneiden. Legen Sie im Vorfeld 3er-Gruppen fest oder lassen Sie diese per Zufall entstehen, indem ein Kind, das mit dem Ausschneiden fertig ist, an einen Treffpunkt kommt und dort auf die nächsten beiden Kinder wartet, die seine Mitspieler werden.

Gruppenarbeitsphase: Die Schüler spielen das Schwarzer-Peter-Spiel mit einem Kartensatz und finden Satzpaare. Dazu werden alle Karten an die Mitspieler verteilt. Die Schüler nehmen die Karten verdeckt auf die Hand und ziehen reihum jeweils vom linken Nachbarn eine Karte. Wer zwei zusammengehörende Karten hat, legt sie ab. Das Spiel ist zu Ende, wenn nur noch die Schwarzer-Peter-Karte im Umlauf ist oder jeder Mitspieler eine Karte hat und das Spiel nicht beendet werden kann. Verloren hat derjenige, der zuletzt den „Schwarzen Peter" auf der Hand hat.

5. Präteritum – Starke Verben

Übungsstunde

Einzelarbeitsphase: Um haptischen Lernern das Einprägen zu erleichtern, schreiben die Schüler nun die Sätze ins Heft. Dazu kann jedes Kind seinen eigenen Kartensatz als Vorlage nehmen.

Differenzierung

Schnelle Schüler können sich erneut zum Treffpunkt begeben und dort mit anderen Mitspielern eine weitere Runde spielen. Leistungsschwächere Schüler schreiben nur die unterstrichenen Verbformen ins Heft.

Abschluss/Reflexion (ca. 10 Min.)

Als Hausaufgaben können die Schüler das Spiel mit ihren Eltern oder Geschwistern spielen. Wer alleine Hausaufgaben macht, kann das Spiel alleine wie „Memory®" spielen.

Spielen Sie zum Abschluss das Spiel „Jeder gegen jeden": Dazu setzen sich alle Schüler auf den Tisch. Wählen Sie ein Kind aus, das einen Gegner bestimmt. Nennen Sie diesen beiden Schülern eine Verbform im Präsens (z. B. **ich fange**). Beide müssen versuchen, als Erster die richtige Verbform im Präteritum (**ich fing**) zu rufen.

Der Sieger spielt weiter, der Verlierer setzt sich auf seinen Stuhl. Das Spiel ist beendet, wenn ein Kind übrig bleibt. Achten Sie darauf, dass Sie nur starke Verben auswählen.

Hier einige Beispielwörter:

- fangen
- laufen
- bitten
- greifen
- denken
- essen
- lügen
- nehmen
- lesen
- helfen
- schlafen
- raten
- geben
- bringen
- binden
- heben
- kommen
- rennen
- tragen
- singen
- trinken
- wachsen
- ziehen
- verlieren
- bleiben
- bringen
- müssen
- halten

Variationen

Bei leistungsschwachen Klassen bzw. leistungsschwachen Schülerpaaren können Sie auch die Präteritumsform vorgeben. Die Schüler müssen dann die einfachere Präsensform finden.

Präteritum-Schwarzer-Peter

1. Einzelarbeit: Schreibe die Anfangsbuchstaben deines Namens auf die Karten. Schneide die Karten aus.

2. 3er-Gruppe: Spielt das Spiel mit einem Satz Karten:
- Verteilt alle Karten und nehmt sie verdeckt in die Hand.
- Ein Kind hat 7 Karten. Es lässt den linken Nachbarn eine ziehen.
- Wer ein Paar hat, legt es ab. Verloren hat derjenige, der zuletzt den Schwarzen Peter behält.

3. Einzelarbeit: Lege die Paare zusammen. Schreibe die Sätze ins Heft.

Der Wind bläst.

Der Wind blies.

Der Baum wächst.

Der Baum wuchs.

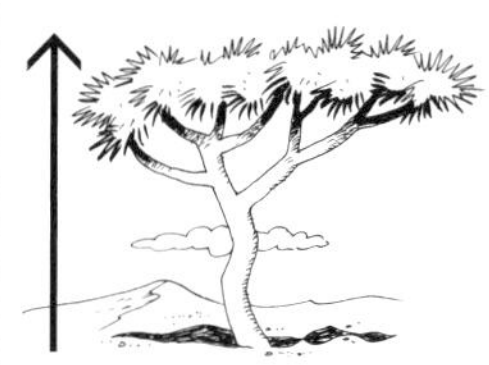

Das Kind schläft.

Das Kind schlief.

Der Apfel fällt.

Der Apfel fiel.

Das Schwein frisst.

Das Schwein fraß.

Ich lese.

Ich las.

Der Junge friert.

Der Junge fror.

Das Auto fährt.

Das Auto fuhr.

Der Vogel fliegt.

Der Vogel flog.

Schwarzer Peter

6. Perfekt

Einführungsstunde

Grammatikinformationen

Die Verbformen im Perfekt werden mit Formen von **sein** und **haben** und dem Partizip II gebildet.
Die meisten Verben bilden die Perfektform mit **haben**.
Die Verben, die die Perfektform mit **sein** bilden, gehören überwiegend zu den Bewegungsverben (**laufen**, **rennen**, **fahren**) und Positionsverben (**sitzen**, **liegen**, **stehen**).

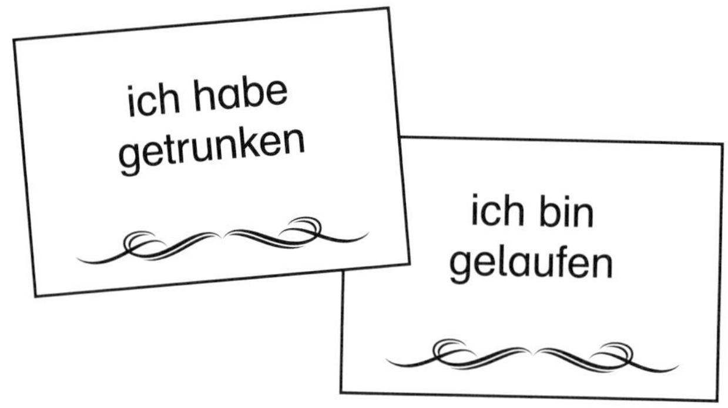

Konjugationstabelle im Perfekt:

	Bewegungsverben mit sein	**Verben mit haben**
Singular		
1. Person	ich bin gegangen	ich habe geschlafen
2. Person	du bist gegangen	du hast geschlafen
3. Person	er/sie/es ist gegangen	er/sie/es hat geschlafen
Plural		
1. Person	wir sind gegangen	wir haben geschlafen
2. Person	ihr seid gegangen	ihr habt geschlafen
3. Person	sie sind gegangen	sie haben geschlafen

Kompetenzerwartungen

Die Schüler wissen, dass im Perfekt Verben mit Formen von **sein** (Bewegungsverben) und **haben** (die meisten anderen Verben) gebildet werden. Sie können Verbformen im Perfekt korrekt bilden.

Materialliste

- KV „Verben im Perfekt – Paarsuche" (einmal auf Folie kopiert und in Karten geschnitten)
- ein Folienstift
- KV „Verben im Perfekt" (Klassensatz)
- Overheadprojektor

Stundenverlauf

Einstieg (ca. 15 Min.)

Schreiben Sie im Vorfeld eine Konjugationstabelle wie die obige verdeckt an die Tafel.

Verteilen Sie die Folienkarten an die Kinder und bitten Sie diese, einen Partner zu finden.

Wenn alle einen Partner gefunden haben, setzen sich die Partnerkinder zusammen auf den Platz. Bitten Sie nun die Paare einzeln nach vorne: Die Kinder lesen ihre Folienkarten vor und legen sie auf den Overheadprojektor.

Wenn alle Paare vorgestellt wurden, nehmen Sie die Präsens-Karten weg. Bitten Sie die Kinder, sich die verbliebenen Perfektformen anzusehen und Gemeinsamkeiten und Unterschiede herauszufinden.

6. Perfekt

Einführungsstunde

Arbeiten Sie heraus, dass alle Perfektformen entweder mit Formen von **sein** oder mit Formen von **haben** gebildet werden. Außerdem sollte deutlich werden, dass Bewegungsverben und Positionsverben meist mit Formen von **sein** gebildet werden. Decken Sie nun die Konjugationstabelle an der Tafel auf. Besprechen Sie sie mit den Schülern.

Arbeitsphase (ca. 20–25 Min.)

Teilen Sie die Arbeitsblätter (KV „Verben im Perfekt") aus. Die Schüler entscheiden, ob ein Verb im Perfekt mit einer Form von **sein** oder einer Form von **haben** gebildet wird, und lösen eine Rechenaufgabe. Anschließend schreiben sie die richtigen Sätze ins Heft.

Abschluss/Reflexion (ca. 10 Min.)

Bitten Sie die Kinder, die Sätze vorzulesen.

Fordern Sie die Kinder auf, sich auf die Tische zu setzen. Bestimmen Sie ein Kind, das sich einen Partner aussucht. Nennen Sie diesen beiden Kindern eine Verbform im Präsens. Beide versuchen möglichst schnell, die passende Perfektform zu rufen. Wer dies zuerst schafft, ist der Sieger und spielt weiter. Der Verlierer setzt sich wieder auf seinen Stuhl. Das Spiel ist zu Ende, wenn nur noch ein Kind auf dem Tisch sitzt.

Lösung

	Form von sein	Form von haben	
Den ganzen Tag	(ist) 2	**(hat) 2**	es geregnet.
Um fünf Uhr	**(bin) 3**	(habe) 4	ich nach Hause gekommen.
Der Briefträger	(ist) 6	**(hat) 1**	ein Paket gebracht.
Sarah	(ist) 8	**(hat) 1**	sich die Zähne geputzt.
Das Mittagessen	(ist) 1	**(hat) 3**	mir nicht geschmeckt.
Der Unterricht	(ist) 3	**(hat) 2**	heute Spaß gemacht.
Zu Weihnachten	(bin) 5	**(habe) 3**	ich viele Geschenke bekommen.
Christoph	**1**	7	mit dem Auto gefahren.
Jonas	2	**8**	den ersten Preis gewonnen.
Das Krokodil	**2**	4	zur Insel geschwommen.
Der Reisebus	**2**	6	am Ziel angekommen.
Felix	8	**2**	beim Spielen geschummelt.
An der Tür	1	**5**	es geklingelt.
Stella	**1**	3	durch die Pfützen gesprungen.

Verben im Perfekt – Paarsuche

ich gehe	ich bin gegangen	ich hole	ich habe geholt
ich laufe	ich bin gelaufen	ich trinke	ich habe getrunken
du schläfst	du hast geschlafen	du nimmst	du hast genommen
du rufst	du hast gerufen	sie kriechen	sie sind gekrochen
er trägt	er hat getragen	er lobt	er hat gelobt
sie sucht	sie hat gesucht	es schwimmt	es ist geschwommen
wir singen	wir haben gesungen	wir kommen	wir sind gekommen
sie fährt	sie ist gefahren	ihr bleibt	ihr seid geblieben

Verben im Perfekt

1. Lies dir die Sätze durch. Entscheide, ob eine Form von sein oder eine Form von haben eingesetzt werden muss. Male das richtige Kästchen an.
Die Hälfte der Formen ist schon eingetragen.
Bei den anderen Feldern musst du selbst überlegen.

2. Zähle alle Zahlen in den angemalten Kästchen zusammen. Wenn du alles richtig gemacht hast, lautet das Ergebnis 36.

	Form von sein	Form von haben	
Den ganzen Tag	(ist) 2	**(hat) 2**	es geregnet.
Um fünf Uhr	(bin) 3	(habe) 4	ich nach Hause gekommen.
Der Briefträger	(ist) 6	(hat) 1	ein Paket gebracht.
Sarah	(ist) 8	(hat) 1	sich die Zähne geputzt.
Das Mittagessen	(ist) 1	(hat) 3	mir nicht geschmeckt.
Der Unterricht	(ist) 3	(hat) 2	heute Spaß gemacht.
Zu Weihnachten	(bin) 5	(habe) 3	ich viele Geschenke bekommen.
Christoph	1	7	mit dem Auto gefahren.
Jonas	2	8	den ersten Preis gewonnen.
Das Krokodil	2	4	zur Insel geschwommen.
Der Reisebus	2	6	am Ziel angekommen.
Felix	8	2	beim Spielen geschummelt.
An der Tür	1	5	es geklingelt.
Stella	1	3	durch die Pfützen gesprungen.

3. Schreibe die Sätze in dein Heft und unterstreiche die Verbformen.
Schreibe so: Den ganzen Tag hat es geregnet.

7. Plusquamperfekt

Einführungsstunde

Grammatikinformationen

Das Plusquamperfekt ist eine Vergangenheitsform, die einen Sachverhalt ausdrückt, der abgeschlossen ist, oder eine Handlung, die vor einem bestimmten Zeitpunkt in der Vergangenheit stattfand. Im Deutschen wird sie auch „Vorvergangenheit" genannt. Die Verbformen werden aus einer Zusammensetzung der Präteritumsformen von **sein** bzw. **haben** und dem Partizip II gebildet.

Bei Verben der Bewegung werden normalerweise die Formen von **sein** genommen (**ich war geschwommen**, **ich war gegangen**), bei allen anderen Verben die Formen von **haben**.

Beispiele:
Schwache/gemischte Verben mit der Partizip-II-Bildung **ge...t**: ich hatte **ge-sag-t**
Starke Verben mit der Partizip-II-Bildung **ge...en**: ich hatte **ge-fund-en**
Viele starke und gemischte Verben verändern den Stamm im Partizip II (z. B. **bring**-en, ge-**brach**-t).

Kompetenzerwartungen

Die Schüler wissen, dass die Verbformen im Plusquamperfekt mit **hatte**, **war** etc. gebildet werden. Sie können zu Verbformen im Präsens die entsprechenden Plusquamperfektformen bilden.

Materialliste

- KV „Plusquamperfekt-Labyrinth" (Klassensatz, evtl. noch ein paar zusätzliche Exemplare als Ersatz)
- pro Schüler ein weißer Zettel, ungefähr DIN-A6-Größe („Schneeball")

Stundenverlauf

Einstieg (ca. 10 Min.)

Malen Sie zwei Kreise an die Tafel. Schreiben Sie in den einen Kreis **ich hatte ...** und in den anderen Kreis **ich war ...** . Beginnen Sie eine Mindmap, indem Sie um jeden Kreis drei Verbformen im Plusquamperfekt schreiben (z. B. Kreis **ich hatte ...**: **gerufen**, **genommen**, **gesagt**, Kreis **ich war ... gelaufen**, **geschwommen**, **gekrochen**). Fordern Sie die Schüler auf, weitere Verbformen zu nennen, und schreiben Sie diese auf.

Überlegen Sie gemeinsam, wann das Plusquamperfekt gebraucht wird. Lassen Sie die Kinder einige Beispielsätze finden (z. B. „'Hast du gestern deine Hausaufgaben gemacht?' – ‚Die hatte ich doch schon am Dienstag erledigt.'"; „Nachdem ich geduscht hatte, zog ich mich an.")

Sagen Sie den Schülern noch einmal explizit, dass die **ich**-Formen im Plusquamperfekt mit **hatte** und **war** gebildet werden. Je nach Leistungsstärke der Klasse können Sie auch auf die weiteren Personalformen verweisen.

7. Plusquamperfekt

Einführungsstunde

Arbeitsphase (ca. 20 Min.)

Verteilen Sie das Arbeitsblatt (KV „Plusquamperfekt-Labyrinth") und besprechen Sie es mit den Schülern. Die Schüler lösen es in Einzel- oder Partnerarbeit. Wenn sie alles richtig gemacht haben, kommen sie beim Start/Ziel-Feld wieder an. Wenn Fehler auftreten, können Sie anhand der Lösung schnell erkennen, welchen Fehler die Kinder gemacht haben.

Differenzierung

Schnelle Kinder können versuchen, auf einem Blanko-Blatt ein eigenes Plusquamperfekt-Labyrinth mit den Formen der 2. Person Singular (**du hattest/du warst**) zu erstellen.

Mit schwächeren Schülern setzen Sie sich zusammen und lösen mit diesen in der Gruppe die Aufgabe.

Abschluss/Reflexion (ca. 15 Min.)

Die Lösung der Aufgabe ist auf dem Blatt ersichtlich. Daher muss keine Besprechung im Plenum stattfinden. Spielen Sie stattdessen das Spiel „Schneeballschlacht". Verteilen Sie an jeden Schüler einen kleinen weißen Zettel. Jeder schreibt auf seinen Zettel eine Verbform im Präsens (z. B. **ich schlafe**). Anschließend werden die Zettel zusammengeknüllt, sodass sie wie ein Schneeball aussehen. Teilen Sie die Klasse in zwei gleich große Mannschaften, die sich gegenüber mit einigen Metern Abstand aufstellen. Auf Ihr Kommando wirft jeder seinen „Schneeball" auf die andere Seite. Jeder fängt einen „Schneeball" auf und faltet ihn auseinander. Bitten Sie nun die Schüler, die Verbform auf dem „Schneeball" vorzulesen und die dazu passende Verbform im Plusquamperfekt zu bilden.

Lösung

ich … hatte → war ↑ geträumt	ich … hatte ↑ war ↓ gesungen	ich … hatte ← war ↓ gekommen	ich … hatte ← war → gekauft	ich … hatte ← war ↓ vergessen
ich … hatte ← war → genommen	ich … hatte ↑ war ← gekrochen	ich … hatte ← war → aufgewacht	ich … hatte ↓ war → vermutet	ich … hatte ↑ war → gedacht
ich … hatte ↑ war ↓ aufgestanden	ich … hatte ↑ war ← gegangen	ich … hatte ← war ↓ geschlagen	**Start/Ziel** **hatte** ← **war** → **gelacht**	ich … hatte ↑ war ↓ besucht
ich … hatte ↓ war → gemeckert	ich … hatte ↓ war ↑ gehustet	ich … hatte ← war ↑ gebacken	ich … hatte ← war → ausgestiegen	ich … hatte → war ↑ weggerannt
ich … hatte ↑ war → gesprungen	ich … hatte ↓ war → gelogen	ich … hatte ↑ war ← gehört	ich … hatte ↓ war ↑ angekommen	ich … hatte ← war ↑ geschrieben
ich … hatte ← war ↑ angerufen	ich … hatte → war ↓ gesagt	ich … hatte ↓ war → gewonnen	ich … hatte ↓ war ← gelächelt	ich … hatte ↑ war ← gepfiffen
ich … hatte → war ← gewechselt	ich … hatte ↓ war ← gesessen	ich … hatte → war ↓ gestolpert	ich … hatte → war ↑ gegessen	ich … hatte ↑ war ← gemalt
ich … hatte ↓ war → gebohrt	ich … hatte ← war → gerührt	ich … hatte → war ← gefunden	ich … hatte ↑ war → gestiegen	ich … hatte → war ↑ gefallen

Plusquamperfekt-Labyrinth

Beginne bei „START/ZIEL“. Bestimme die richtige Form (hatte oder war).
Folge dann dem Pfeil in die entsprechende Richtung .
Male das Feld bunt, auf dem du landest.
Wenn du es richtig gemacht hast, landest du wieder bei START.

ich … hatte → war ↑ geträumt	ich … hatte ↑ war ↓ gesungen	ich … hatte ← war ↓ gekommen	ich … hatte ← war → gekauft	ich … hatte ← war ↓ vergessen
ich … hatte ← war → genommen	ich … hatte ↑ war ← gekrochen	ich … hatte ← war → aufgewacht	ich … hatte ↓ war → vermutet	ich … hatte ↑ war → gedacht
ich … hatte ↑ war ↓ aufgestanden	ich … hatte ↑ war ← gegangen	ich … hatte ← war ↓ geschlagen	**START/ZIEL** hatte ← war → gelacht	ich … hatte ↑ war ↓ besucht
ich … hatte ↓ war → gemeckert	ich … hatte ↓ war ↑ gehustet	ich … hatte ← war ↑ gebacken	ich … hatte ← war → ausgestiegen	ich … hatte → war ↑ weggerannt
ich … hatte ↑ war → gesprungen	ich … hatte ↓ war → gelogen	ich … hatte ↑ war ← gehört	ich … hatte ↓ war ↑ angekommen	ich … hatte ← war ↑ geschrieben
ich … hatte ← war ↑ angerufen	ich … hatte → war ↓ gesagt	ich … hatte ↓ war → gewonnen	ich … hatte ↓ war ← gelächelt	ich … hatte ↑ war ← gepfiffen
ich … hatte → war ← gewechselt	ich … hatte ↓ war ← gesessen	ich … hatte → war ↓ gestolpert	ich … hatte → war ↑ gegessen	ich … hatte ↑ war ← gemalt
ich … hatte ↓ war → gebohrt	ich … hatte ← war → gerührt	ich … hatte → war ← gefunden	ich … hatte ↑ war → gestiegen	ich … hatte → war ↑ gefallen

8. Futur

Übungsstunde

Grammatikinformationen

Das Futur ist die Zeitform, mit der Prognosen, Pläne, Versprechen für die Zukunft ausgedrückt werden. Die Futurformen werden gebildet durch die Zusammensetzung von Formen von **werden** (**ich werde, du wirst, er/sie/es wird, wir werden, ihr werdet, sie werden**) und dem Infinitiv eines Verbs (**wir werden sehen**).

Kompetenzerwartungen

Die Schüler bilden Verbformen im Futur korrekt.

Materialliste

- KV „Ferienpläne" (Klassensatz)
- ein kleiner Ball (alternativ können Sie auch ein Blatt zerknüllen und als Ball benutzen)

Stundenverlauf

Einstieg (ca. 10 Min.)

Erarbeiten Sie mit den Schülern an der Tafel eine Mindmap: Schreiben Sie die Frage „Was kann man in den Ferien machen?" an die Tafel. Fordern Sie die Schüler auf, Ihnen Aktivitäten in Form von Verben (z. B. **wandern, schwimmen**) oder Wortgruppen mit Verben (**in den Freizeitpark gehen, im Badesee schwimmen**) zu nennen. Schreiben Sie diese in die Mindmap.

Bitten Sie die Schüler, sich vorzustellen, dass morgen die Ferien anfangen. Werfen Sie einem Schüler einen Ball zu und fragen Sie ihn: „Jonas, was wirst du in den Ferien machen?" Jonas antwortet: „Ich werde wandern gehen." Nun wirft Jonas den Ball einem anderen Kind zu und fragt: „Luisa, was wirst du in den Ferien machen?" usw. Leiten Sie anschließend zur Arbeitsphase über.

Arbeitsphase (ca. 20–25 Min.)

Teilen Sie das Arbeitsblatt aus. Besprechen Sie die Aufgabe und fordern Sie die Schüler auf, eigene Beispiele im Futur zu formulieren. Weisen Sie sie darauf hin, dass die Aktivitäten zur Wettervorhersage passen müssen.

Die Schüler bearbeiten das Blatt in Einzelarbeit.

Wer fertig ist, stellt einem Partner seine Ergebnisse vor. Der Partner achtet darauf, dass die Verbformen stimmen und die Aktivitäten zur Wettervorhersage passen.

Hinweis: Die Temperaturangaben sind so gewählt, dass sämtliche Ferien mit Ausnahme der Weihnachtsferien möglich sind.

Abschluss/Reflexion (ca. 10–15 Min.)

Spielen Sie mit den Schülern das „Eckenspiel": Teilen Sie die Klasse in vier Gruppen. Jede Gruppe stellt sich in einer Zimmerecke auf. Beginnen Sie mit der Ecke vorne links. Nennen Sie dieser Gruppe eine Verbform im Präsens (z. B. **ich sage**). Die Kinder dieser Gruppe sollen dann so schnell, wie möglich, das Futur bilden. Wer zuerst die richtige Antwort ruft (**ich werde sagen**), darf zur nächsten Ecke (hinten links) weiterrücken. Dann kommt die nächste Gruppe dran. Der Schüler, der zuerst wieder in seiner Anfangsecke angekommen ist, hat das Spiel gewonnen.

Alternativ können Sie auch nur drei bis vier Schüler pro Ecke einteilen und mehrere Runden spielen.

Ferienpläne

1. **Plane für jeden Tag eine oder zwei tolle Aktivitäten. Achte auf die Wettervorhersage. Schreibe deine Überlegungen in den Plan und benutze die Zeitform Futur.**

2. **Unterstreiche die Verbformen im Futur.**

Wetter	Aktivitäten
 Montag 20–23 Grad	*Da das Wetter gut sein wird, werde ich mit meiner Familie in den Tierpark fahren. Dort werden wir viele Tiere sehen. Im Streichelzoo werde ich die Hasen und Ziegen streicheln. Zum Mittagessen werden wir Pommes frites essen. Vielleicht wird es auch ein Eis geben.*
 Dienstag 25–28 Grad	
 Mittwoch 18–20 Grad	
 Donnerstag 18–20 Grad	
 Freitag 14–18 Grad	
 Samstag 14–18 Grad	
 Sonntag 18–22 Grad	

3. **Tausche dich mit einem Partner aus. Stelle deinen Plan vor. Achte beim Plan deines Partners darauf, ob alle Verbformen richtig gebildet sind und ob die Pläne zum Wetter passen.**

9. Welche Zeit ist richtig?

Übungsstunde

Allgemeine Informationen

In der vorliegenden Stunde überprüfen die Schüler auf spielerische Weise, ob sie die Zeitformen Präsens, Präteritum, Perfekt und Futur kennen und Verbformen bestimmen können. Voraussetzung ist, dass alle Zeiten bereits eingeführt und geübt wurden.

Kompetenzerwartungen

Die Schüler erkennen Zeitformen und bestimmen sie.

Materialliste

- KV „Puzzle: Welche Zeit ist richtig?" (Klassensatz, möglichst ½ Klassensatz in einer anderen Farbe kopiert, damit die eigenen Puzzleteile nicht mit denen des Nachbarn durcheinandergeraten)
- für jeden Schüler: Schere und Klebstoff

Stundenverlauf

Einstieg (ca. 5–10 Min.)

Schreiben Sie **ich male – Präsens** an die Tafel. Sammeln Sie mit den Schülern die Formen des Verbs im Präteritum, im Perfekt und im Futur. Schreiben Sie alle Formen mit der Bezeichnung der Zeit an die Tafel.

Bitten Sie die Schüler, sich auf die Tische zu setzen. Fordern Sie ein Kind auf, sich einen Mitspieler zu suchen. Nennen Sie diesen beiden Kindern eine Verbform. Beide Kinder versuchen, als Erster die Zeitform zu rufen. Wer dies zuerst schafft, hat gewonnen und bleibt auf dem Tisch sitzen. Der Mitspieler setzt sich auf seinen Stuhl zurück. Das Spiel ist beendet, wenn nur noch ein Schüler auf dem Tisch sitzt.

Arbeitsphase (ca. 20–25 Min.)

Verteilen Sie die Arbeitsblätter. Wenn Sie einen halben Klassensatz in einer anderen Farbe kopiert haben, achten Sie darauf, dass Kinder, die nebeneinander sitzen, unterschiedlich farbige Puzzles bekommen. Besprechen Sie mit den Schülern die Aufgabe. Jedes Kind schneidet die Puzzleteile aus, bestimmt die Zeiten der angegebenen Verben und legt die Puzzleteile auf die Vorlage. Geklebt wird erst, wenn das Puzzle komplett ist.

Abschluss/Reflexion (ca. 15 Min.)

Spielen Sie mit den Schülern das Spiel „Eins, zwei oder drei": Schreiben Sie groß und mit viel Platz zwischen den einzelnen Wörtern an die Tafel **1 Präsens, 2 Präteritum, 3 Perfekt.** Teilen Sie die Klasse in 2–4 Mannschaften, die sich in Reihen aufstellen. Nennen Sie den jeweils vordersten Schülern eine konjugierte Verbform im Präsens, Präteritum oder Perfekt. Während Sie langsam „Eins, zwei oder drei – letzte Chance vorbei" sagen, laufen die vordersten Schüler zur Tafel und stellen sich vor die passende Zeitform. Die Kinder können dabei auch hin- und herhüpfen, um die anderen zu verunsichern, müssen aber bei „vorbei" vor der ihrer Meinung nach richtigen Zeitform stehen. Wer vor der richtigen Zeitform steht, gewinnt einen Punkt für seine Mannschaft. Notieren Sie sich die Punkte und fahren Sie mit den nächsten Schülern in den Reihen fort.

Sie können nach einiger Zeit oder in einer nächsten Runde auch die Zeitformen wechseln, sodass auch das Futur drankommt.

Puzzle: Welche Zeit ist richtig?

1. **Schneide die Puzzleteile im unteren Kasten aus.**
2. **Bestimme im oberen Kasten die richtige Zeitform und suche das Puzzleteil mit der passenden Zahl. Lege es auf das Feld. Wenn du alles richtig gemacht hast, erhältst du ein Bild.**

ich gehe Präsens (24) Perfekt (21)	**du gabst** Präsens (4) Präteritum (12)	**er hat gesucht** Perfekt (10) Futur (18)	**wir schliefen** Futur (9) Präteritum (1)	**du wirst sagen** Futur (17) Perfekt (5)
er ist gefallen Präsens (20) Perfekt (6)	**sie hat gerufen** Präteritum (12) Perfekt (15)	**ich lese** Präsens (3) Futur (13)	**sie duschten** Präteritum (22) Perfekt (24)	**er wird rufen** Präteritum (11) Futur (5)
es hat geblitzt Präsens (10) Perfekt (21)	**er nimmt teil** Präsens (14) Futur (23)	**wir sangen** Präteritum (19) Perfekt (3)	**du fragst** Futur (7) Präsens (4)	**ich bin gerannt** Präteritum (22) Perfekt (25)
ihr hieltet Perfekt (6) Präteritum (16)	**wir lobten** Futur (17) Präteritum (8)	**es wird regnen** Perfekt (14) Futur (2)	**sie kratzten** Präteritum (9) Futur (15)	**sie ist gefallen** Präteritum (25) Perfekt (23)
ich laufe Perfekt (1) Präsens (18)	**er wird finden** Präsens (2) Futur (7)	**du wirst lachen** Perfekt (19) Futur (20)	**es hat gefehlt** Perfekt (11) Futur (22)	**ich nahm** Präsens (8) Präteritum (13)

10. Nomen und Artikel
Übungsstunde

Grammatikinformationen

Nomen werden im Deutschen nach ihrem Geschlecht (Genus) unterschieden, das durch den Artikel angezeigt wird: **der Hut** (männlich/maskulin), **die Blume** (weiblich/feminin), **das Kleid** (sächlich/neutral). Das natürliche Geschlecht stimmt dabei nicht unbedingt mit dem grammatikalischen überein: **das Mädchen** statt **die Mädchen**, **der Tisch** statt **das Tisch**. Es gibt wenige Regeln, die es erleichtern, sich den Artikel zu merken. Anhaltspunkte bieten z. B. einige Endungen (Wörter mit **-lein**, **-chen**, **-tum** sind in der Regel neutral, solche mit **-ant**,**-ent**, **-ling** sind maskulin, Wörter mit **-anz**, **-schaft** feminin) oder bestimmte Bedeutungen (Autonamen sind immer maskulin, Schiffsnamen immer feminin).

Kompetenzerwartungen

Die Schüler ordnen Nomen den richtigen Artikel zu.

Materialliste

- KV „Der-die-das-Puzzle" (Klassensatz)
- eine Schere für jeden Schüler

Stundenverlauf

Einstieg (ca. 5–10 Min.)

Schreiben Sie die Artikel groß und mit viel Platz zwischen den Wörtern untereinander an die Tafel.

Teilen Sie die Klasse in zwei Mannschaften, die sich in zwei Reihen aufstellen. Bitten Sie die beiden vordersten Kinder, sich vor die Tafel zu stellen – ein Kind links, das andere Kind rechts von den Artikeln.

Nennen Sie den Kindern ein Nomen. Beide versuchen, möglichst schnell mit der Hand unter den richtigen Artikel zu patschen. Anschließend kommen die nächsten Schüler in der Reihe zur Tafel.

Arbeitsphase (ca. 15–20 Min.)

Verteilen Sie das Arbeitsblatt und besprechen Sie es. Jeder Schüler schneidet das Puzzle aus und versucht, es zusammenzulegen.

Wichtig: Kopieren Sie die Puzzles entweder auf verschiedenfarbige Blätter oder bitten Sie die Schüler, auf jedes Puzzleteil ihre Initialen zu schreiben, **bevor** sie das Puzzle zerschneiden. So wird verhindert, dass Puzzleteile von nebeneinander sitzenden Schülern durcheinandergeraten.

Differenzierung

Schnelle Schüler schreiben die Nomen mit Artikel in ihr Heft, wenn sie sie rechtschriftlich noch üben müssen oder insgesamt noch nicht ganz sicher sind. Leistungsstarke und selbstständige Kinder können versuchen, ein eigenes Puzzle zu konzipieren. Dies ist nicht schwierig, wenn man von der Gesamtlösung ausgeht und die Teile dann auseinanderschneidet.

Abschluss/Reflexion (ca. 15 Min.)

Spielen Sie mit den Schülern das Spiel „Galgenmännchen". Wählen Sie ein Nomen und schreiben Sie anstelle der Buchstaben waagrechte Striche an die Tafel. Lassen Sie die Schüler Buchstaben nennen und schreiben Sie diese, falls im Wort vorhanden, auf den richtigen Strich. Malen Sie für jeden falschen Buchstaben einen Strich eines Galgens (weniger blutrünstige Alternative: Das Haus vom Nikolaus). Wird das Wort erraten, müssen die Schüler den richtigen Artikel dazu nennen und gewinnen so einen Punkt für die Klasse. Wird das Wort nicht erraten, sondern der Galgen/das Haus komplett gezeichnet oder der falsche Artikel genannt, gewinnen Sie einen Punkt. Das Spiel ist beendet, wenn entweder die Klasse oder Sie zehn Punkte erreicht hat/haben.

10. Nomen und Artikel

Übungsstunde

Lösung

○ ○ die der	○ Nase der der	○ Mund die das	○ Lippe ○ der
Hamster ○ der das	Hund Fuß der das	Kaninchen Finger die die	Vogel Hand ○ das
Zebra ○ das die	Meerschweinchen Auge das die	Schnecke Haar der der	Krokodil Po ○ die
Libelle ○ die ○	Schlange Zunge das ○	Affe Kinn das ○	Raupe Bein ○ ○

Der-die-das-Puzzle

1. Schneide die Puzzleteile aus.

2. Setze das Puzzle richtig zusammen.
Tipp: Beginne mit den Ecken!

Hund Fuß der das	○ Nase der der	Meerschweinchen Auge das die	Affe Kinn das ○
Hamster ○ der das	Schnecke Haar der der	○ Lippe ○ der	Vogel Hand ○ das
Krokodil Po ○ die	Zebra ○ das die	Raupe Bein ○ ○	Libelle ○ die ○
Schlange Zunge das ○	Kaninchen Finger die die	○ Mund die das	○ ○ die der

© Verlag an der Ruhr | Autorin: Nina Wilkening | ISBN 978-3-8346-2489-5 | www.verlag-ruhr.de

11. Einzahl & Mehrzahl – Nomen

Übungsstunde

Grammatikinformationen

Im Deutschen wird die Pluralform von Nomen auf verschiedene Arten gebildet. In der vorliegenden Stunde geht es unter anderem um Nomen, die im Singular **a** oder **au**, im Plural **ä** oder **äu** haben, und um Nomen, die im Singular und Plural gleich lauten.

Kompetenzerwartungen

Die Schüler finden durch Vergleichen der Singular- und Pluralformen heraus, dass es für die Pluralbildung von Nomen – unter anderem – folgende Besonderheiten zu beachten gibt:

- Aus **a** und **ä** im Singular wird **ä** und **äu** im Plural.
- Einige Nomen lauten im Singular und im Plural gleich.

Materialliste

- KV „Einzahl-Mehrzahl-Kreuzworträtsel 1" (Klassensatz)
- Qualitative und quantitative Differenzierung: „Einzahl-Mehrzahl-Kreuzworträtsel 2" (nach Bedarf)

Stundenverlauf

Einstieg (ca. 5–10 Min.)

Bitten Sie die Schüler, sich ein Bauernhoftier auszudenken, und fordern Sie sie auf, im Klassenzimmer herumzugehen und nur durch Geräusche/Tiersprache mögliche Partner zu finden. Brechen Sie die Partnersuche ab, sobald Sie das Gefühl haben, dass alle möglichen Paare/Gruppen gefunden wurden. Befragen Sie in den einzelnen Paaren/Gruppen zunächst einen einzelnen Schüler und dann die Gruppe, welches Tier sie darstellen.

Lehrer: „Was bist du?" – Schüler: „Ich bin ein Pferd."
Lehrer: „Was seid ihr?" – Schülergruppe: „Wir sind Pferde."

Lassen Sie oben etwas Platz und schreiben Sie an die Tafel „ein Pferd – viele (zwei/vier) Pferde". Verfahren Sie so mit allen Beispieltieren.

Unterstreichen Sie die Nomen im Singular und im Plural. Schreiben Sie über die Beispiele **Einzahl** bzw. **Mehrzahl**. Erklären Sie den Schülern, dass es in dieser Stunde darum geht, Wörter in der Einzahl und Mehrzahl zu bilden.

Leiten Sie zur Arbeitsphase über.

Arbeitsphase (ca. 20 Min.)

Besprechen Sie das Arbeitsblatt. In der Arbeitsphase gewinnen die Schüler Einsichten über die Pluralbildung. Zunächst schreiben die Kinder für ein vorhandenes Kreuzworträtsel eine Anleitung. Danach filtern sie ihre Ergebnisse nach bestimmten Kriterien.

Die Materialseite „Einzahl-Mehrzahl-Kreuzworträtsel 2" können Sie als Differenzierung für Schnelle einsetzen oder als Hausaufgabe. Sie stellt eine Weiterführung dar, da nun die Schüler die richtigen Pluralformen bilden, indem sie die Erkenntnisse, die sie beim Bearbeiten der Materialseite „Einzahl-Mehrzahl-Kreuzworträtsel 1" gewonnen haben, anwenden.

Abschluss/Reflexion (ca. 15 Min.)

Besprechen Sie mit den Schülern, welche Erkenntnisse sie gewonnen haben. Schreiben Sie gegebenenfalls die Regeln an die Tafel, damit Kinder, die keine Erkenntnis gewonnen haben, diese noch von der Tafel abschreiben können.

Spielen Sie zum Abschluss das Wettspiel „Wörter suchen": Teilen Sie die Klasse in mehrere Mannschaften mit maximal 4 Schülern pro Mannschaft ein. Geben Sie eine der Pluralbildungsmöglichkeiten vor (z. B. Wörter, bei denen aus dem **a** ein **ä** wird). Geben Sie das Startsignal und beenden Sie die Phase nach genau drei Minuten. In dieser Zeit schreibt jede Mannschaft so viele passende

11. Einzahl & Mehrzahl – Nomen

Übungsstunde

Wörter wie möglich auf. Nach Ablauf der Zeit zählen die Schüler die Wörter. Die Mannschaft mit den meisten Wörtern liest ihre Wörter vor. Die Mitschüler hören zu und zählen die richtigen Antworten. Es kann sich eine weitere Runde mit einer anderen Pluralbildungsmöglichkeit anschließen.

Lösung KV „Einzahl-Mehrzahl-Kreuzworträtsel 1"

Waagerecht: Mehrzahl von …				**Senkrecht: Mehrzahl von …**			
1	*der Mann*	6	*der Affe*	11	*die Maus*	16	*die Seife*
2	*der Stein*	7	*der Esel*	12	*die Torte*	17	*der Roller*
3	*das Messer*	8	*der Riese*	13	*die Rübe*	18	*der Ast*
4	*der Beutel*	9	*der Kran*	14	*der Junge*	19	*das Land*
5	*der Pfeil*	10	*der Raum*	15	*der Film*	20	*der Läufer*

Lösung KV „Einzahl-Mehrzahl-Kreuzworträtsel 2"

			13 ↓		10 →	N	Ä	G	E	L		18 ↓		19 ↓
			L		15 ↓				1 →	E	C	K	E	N
	2 →	B	Ä	U	M	E						U		A
			U		Ä			16 ↓				C		S
			S	3 →	D	A	U	M	E	N		H		E
		12 ↓	E		C			Ü				E		N
		R			H		4 →	T	Ü	T	E	N		20 ↓
5 →	R	Ä	U	B	E	R		T			17 ↓			H
		D	14 ↓		N			E			A			Ä
	11 ↓	E	H			6 →	T	R	Ä	U	M	E		U
7 →	F	R	A	U	E	N					E			S
	E		S					8 →	S	P	I	E	L	E
	D		E								S			R
	E		N		9 →	S	T	I	F	T	E			
	R										N			

Einzahl-Mehrzahl-Kreuzworträtsel 1

1. Die Anleitung zum Kreuzworträtsel ist verloren gegangen. Schreibe sie neu.

Waagerecht: Mehrzahl von …				**Senkrecht: Mehrzahl von …**			
1	*der Mann*	6		11		16	
2		7		12		17	
3		8		13		18	
4		9		14		19	
5		10		15		20	

	11 ↓					13 ↓					15 ↓			
1 →	M	Ä	N	N	E	R		14 ↓	6 →	A	F	F	E	N
	Ä					Ü		J			I			
	U	12 ↓			4 →	B	E	U	T	E	L			
2 →	S	T	E	I	N	E		N			M			20 ↓
	E	O				N		G		7 →	E	S	E	L
		R						E				19 ↓		Ä
		T		16 ↓				N		18 ↓		L		U
3 →	M	E	S	S	E	R	17 ↓			Ä		Ä		F
		N		E		8 →	R	I	E	S	E	N		E
				I			O			T		D		R
		5 →	P	F	E	I	L	E		E		E		
				E			L					R		
9 →	K	R	Ä	N	E		E							
						10 →	R	Ä	U	M	E			

2. Suche heraus und schreibe in der Einzahl (Singular) und in der Mehrzahl (Plural) in dein Heft:

- alle Wörter, die in der Mehrzahl ein ä oder ein äu haben.
- alle Wörter, die in der Einzahl und der Mehrzahl gleich heißen.

Einzahl-Mehrzahl-Kreuzworträtsel 2

**1. Findest du die Mehrzahl (den Plural) zu diesen Nomen?
Schreibe sie ins Kreuzworträtsel. Du darfst ä und ü in ein Kästchen schreiben.**

waagerecht		senkrecht	
1	die Ecke	11	die Feder
2	der Baum	12	das Rad
3	der Daumen	13	die Laus
4	die Tüte	14	der Hase
5	der Räuber	15	das Mädchen
6	der Traum	16	die Mutter
7	die Frau	17	die Ameise
8	das Spiel	18	der Kuchen
9	der Stift	19	die Nase
10	der Nagel	20	das Haus

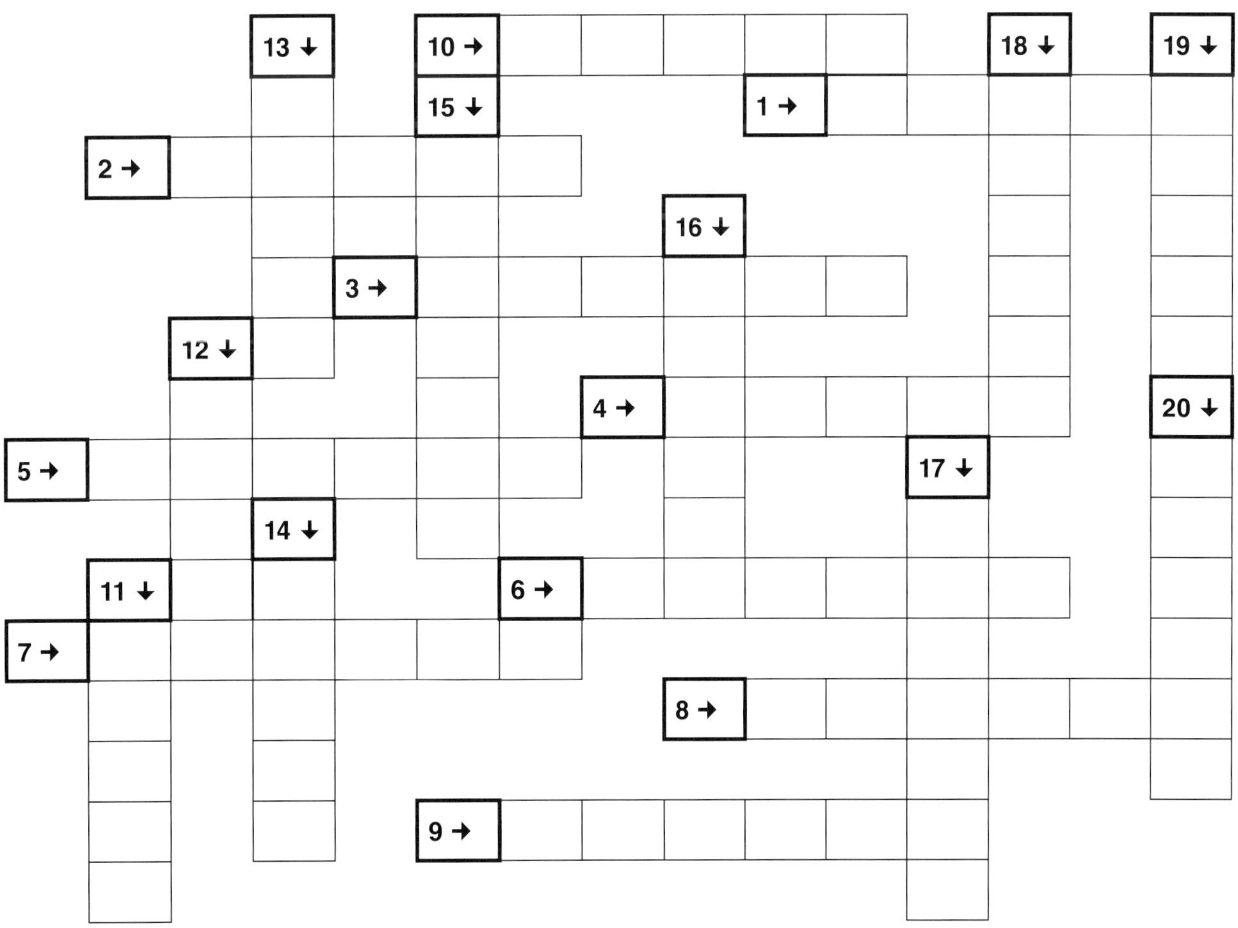

© Verlag an der Ruhr | Autorin: Nina Wilkening | ISBN 978-3-8346-2489-5 | www.verlagruhr.de

12. Oberbegriffe
Einführungsstunde

Grammatikinformationen

Ein Oberbegriff (Überbegriff) ist ein Wort, das mehrere andere Wörter in ihrer Bedeutung zusammenfasst, z. B. steht **Bekleidung** als Oberbegriff für **Jacken, Hosen, Pullover** etc.

Kompetenzerwartungen

Die Schüler wissen, was Oberbegriffe und Unterbegriffe sind. Sie können zu Unterbegriffen Oberbegriffe finden und zu Oberbegriffen Unterbegriffe.

Materialliste

- KV „Oberbegriffe – Wortkarten" einmal kopiert und in Kärtchen geschnitten (Sie brauchen der Schüleranzahl entsprechend viele Kärtchen)
- 25 Blanko-Papiere in DIN A6, fünf Blanko-Blätter (Plakate) in DIN A3

Stundenverlauf

Vorbereitung

Legen Sie fünf DIN-A3-Blanko-Blätter für die Arbeitsphase bereit. Schreiben Sie auf jedes Blatt einen der folgenden Oberbegriffe groß in die Mitte: **Bekleidung, Namen, Lebensmittel, Tiere, Spielsachen**.

Einstieg (ca. 5 Min.)

Befragen Sie die Schüler nach ihrem Vorwissen und arbeiten Sie mit ihnen heraus, was Oberbegriffe und Unterbegriffe sind (z. B. Lehrer: „**Aline**, **Aisha** und **Nadja** sind Mädchennamen. **Mädchenname** ist der Oberbegriff für die einzelnen Namen. Die einzelnen Namen werden **Unterbegriff** genannt. Wer kann mir Unterbegriffe zum Oberbegriff **Jungennamen** nennen?")

Leiten Sie zur Arbeitsphase über, indem Sie erklären, dass es in der Stunde um Ober- und Unterbegriffe gehen wird und die Schüler sowohl Ober- als auch Unterbegriffe suchen müssen.

Arbeitsphase (ca. 25–30 Min.)

Verteilen Sie die Kärtchen an die Kinder. Hängen Sie das DIN-A3-Blatt **Bekleidung** an die Tafel. Weisen Sie die Schüler darauf hin, dass es in Runde 1 um das Thema Bekleidung geht. Jedes Kind hat auf seinem Kärtchen als Erstes einen Begriff aus diesem Bereich stehen. Die einzelnen Begriffe lassen sich fünf verschiedenen Oberbegriffen zuordnen: **Hosen, Schwimmsachen, Oberteile, Jacken** und **Kopfbedeckungen**. Auf Ihr Kommando beginnt Runde 1: Die Kinder lesen den 1. Begriff auf ihrer Karte und gehen im Zimmer herum. Sie suchen andere Kinder, mit denen sie eine Gruppe unter dem gleichen Oberbegriff bilden können und stellen sich mit diesen zusammen als Gruppe erkennbar auf. Es entstehen auf diese Weise fünf Gruppen. Wenn Sie weniger als 25 Kinder in der Klasse haben, werden die Gruppen ungleichmäßig ausfallen.

Lassen Sie sich von den Gruppen den jeweiligen Oberbegriff zu ihren Kleidungsstücken nennen und verteilen Sie an die Gruppen ein DIN-A6-Blanko-Blatt. Fordern Sie die Schüler nun auf, in den folgenden drei Minuten die Unterbegriffe, die auf ihren Kärtchen stehen, und weitere auf ihr Blanko-Blatt zu schreiben. Auf jedes Blanko-Blatt muss auch der passende Oberbegriff (z. B. **Hosen: Sporthose, Unterhose** …). Geben Sie durch ein akustisches Zeichen das Ende der drei Minuten an.

Nehmen Sie das DIN-A3-Blatt „Bekleidung" von der Tafel ab und hängen Sie stattdessen das DIN-A3-Blatt „Namen" auf. Fordern Sie die Schüler auf, in Runde 2 das 2. Wort auf ihrer Karte zu lesen und sich in Gruppen zusammenzufinden. Sammeln Sie währenddessen die Blanko-Blätter aus Runde 1 ein und kleben Sie diese in der nächsten Arbeitsphase auf das Plakat „Bekleidung".

12. Oberbegriffe

Einführungsstunde

Verfahren Sie ansonsten wie in Runde 1. In Runde 2 geht es um Namen (Nachnamen, Mädchennamen, Jungennamen, Tiernamen, Kosenamen), in Runde 3 um Lebensmittel (Backwaren/Gebäck, Getränke, Gemüse, Obst, Brotbelag), in Runde 4 um Tiere (Zootiere, Fische, Insekten, Vögel, Bauernhoftiere) und in Runde 5 um Spielsachen (Spielplatzgeräte, Fahrzeuge, Gesellschaftsspiele, Spielgeräte, Ballarten).

Abschluss/Reflexion (ca. 10–15 Min.)

Hängen Sie alle fünf DIN-A3-Blätter an die Tafel. Lassen Sie jedes von einem Schüler vorlesen und nehmen Sie Ergänzungen auf bzw. streichen Sie falsche Wörter durch. Sollten Sie noch Zeit haben, stellen Sie sich mit der Klasse in einen Kreis und spielen Sie „Ich packe meinen Koffer". Geben Sie für jede Runde einen Oberbegriff vor, der anzeigt, was eingepackt werden darf (z. B. Küchenutensilien, nur Schulsachen, nur Dinge, die mit einem bestimmten Buchstaben beginnen).

Lösung

Runde 1:

Hosen: Sporthose, Unterhose, Jeanshose, Regenhose, Schneehose

Schwimmsachen: Bikini, Badeanzug, Badehose, Badekappe, Badeschuhe

Oberteile: T-Shirt, Pullover, Langarmshirt, Hemd, Bluse

Jacken: Regenmantel, Winterjacke, Weste, Jacke, Umhang

Kopfbedeckungen: Mütze, Hut, Kappe, Kopftuch, Stirnband

Runde 2:

Nachnamen: Müller, Maier, Schulze, Schneider, Schmidt

Mädchennamen: Tina, Clara, Emma, Melina, Veronika

Jungennamen: Muhammet, Tim, Max, Dominik, Antonio

Tiernamen: Mietzi, Bello, Hamsti, Hasso, Wuffi

Kosenamen: Schnucki, Schatzi, Liebling, Spatzi, Mausebär

Runde 3:

Backwaren/Gebäck: Brötchen, Brot, Kuchen, Muffins, Plätzchen

Getränke: Milch, Saft, Tee, Limo, Cola

Gemüse: Zwiebeln, Kartoffeln, Kohl, Gurken, Karotten

Obst: Äpfel, Birnen, Bananen, Pflaumen, Aprikosen

Brotbelag: Nutella, Marmelade, Wurst, Käse, Honig

Runde 4:

Zootiere: Elefant, Affe, Nilpferd, Giraffe, Tiger

Fische: Hai, Lachs, Goldfisch, Karpfen, Aal

Insekten: Fliege, Mücke, Biene, Hummel, Libelle

Vögel: Amsel, Rotkehlchen, Drossel, Papagei, Adler

Bauernhoftiere: Esel, Kuh, Schaf, Schwein, Ziege

Runde 5:

Spielplatzgeräte: Wippe, Schaukel, Klettergerüst, Rutsche, Sandkasten

Fahrzeuge: Rutschauto, Kettcar, Fahrrad, Roller, Laufrad

Gesellschaftsspiele: Quartett, Würfelspiel, Schach, Halma, Mühle

Spielgeräte: Springseil, Stelzen, Diabolo, Pedalo, Gummitwist

Ballarten: Fußball, Tennisball, Basketball, Federball, Golfball

Oberbegriffe – Wortkarten

1 Sporthose 2 Müller 3 Brötchen 4 Elefant 5 Quartett	1 Unterhose 2 Tina 3 Milch 4 Hai 5 Springseil	1 Jeanshose 2 Muhammet 3 Zwiebeln 4 Fliege 5 Fußball	1 Regenhose 2 Mietzi 3 Äpfel 4 Amsel 5 Rutschauto	1 Schneehose 2 Schnucki 3 Nutella 4 Rotkehlchen 5 Wippe
1 Bikini 2 Maier 3 Marmelade 4 Lachs 5 Pedalo	1 Badeanzug 2 Clara 3 Brot 4 Affe 5 Würfelspiel	1 Badehose 2 Tim 3 Saft 4 Drossel 5 Kettcar	1 Badekappe 2 Bello 3 Kartoffeln 4 Mücke 5 Schaukel	1 Badeschuhe 2 Schatzi 3 Birnen 4 Esel 5 Tennisball
1 T-Shirt 2 Schulze 3 Bananen 4 Nilpferd 5 Federball	1 Pullover 2 Emma 3 Wurst 4 Goldfisch 5 Fahrrad	1 Langarmshirt 2 Max 3 Kuchen 4 Biene 5 Klettergerüst	1 Hemd 2 Hamsti 3 Tee 4 Kuh 5 Schach	1 Bluse 2 Liebling 3 Kohl 4 Schaf 5 Stelzen
1 Mütze 2 Schneider 3 Gurken 4 Karpfen 5 Roller	1 Hut 2 Melina 3 Pflaumen 4 Giraffe 5 Rutsche	1 Kappe 2 Dominik 3 Käse 4 Schwein 5 Diabolo	1 Kopftuch 2 Hasso 3 Muffins 4 Hummel 5 Basketball	1 Stirnband 2 Spatzi 3 Limo 4 Papagei 5 Halma
1 Regenmantel 2 Schmidt 3 Cola 4 Tiger 5 Sandkasten	1 Winterjacke 2 Veronika 3 Karotten 4 Aal 5 Laufrad	1 Weste 2 Antonio 3 Aprikosen 4 Libelle 5 Mühle	1 Jacke 2 Wuffi 3 Honig 4 Adler 5 Gummitwist	1 Umhang 2 Mausebär 3 Plätzchen 4 Ziege 5 Golfball

13. Steigerung von Adjektiven 1
Übungssstunde

Grammatikinformationen

Im Deutschen gibt es drei Steigerungsformen: die Grundstufe (Positiv), die Mehrstufe/Höherstufe (Komparativ) und die Meiststufe/Höchststufe (Superlativ), z. B. **groß – größer – am größten**.

Regelmäßig gesteigerte Adjektive enden im Komparativ auf **-er** und werden mit **als** verbunden.

Kompetenzerwartungen

Die Schüler sind in der Lage, den Komparativ von Adjektiven zu bilden und Vergleiche mit „Komparativform + **als**" zu formulieren. Sie wissen, dass es nicht zu jedem Adjektiv das passende Gegenteil gibt.

Materialliste

- KV „Wettkampf der Tiere" (Klassensatz)
- Scheren und Klebstoff für die Schüler

Stundenverlauf

Einstieg (ca. 10 Min.)

Lesen Sie den Schülern folgende Rätsel vor und lassen Sie sie raten, um welches Tier es sich handeln könnte:

- **1. Rätsel:** Ich bin größer als eine Ameise, aber kleiner als viele andere Tiere. Die meisten Tiere sind schneller als ich. Aber ich bin näher an meinem Haus dran als alle anderen.
(Lösung: Schnecke)
- **2. Rätsel:** Mein Hals ist länger als der von den meisten Tieren, aber kürzer als der Hals einer Giraffe. Ich bin ein Vogel und lege größere Eier als andere Vögel. Ich kann zwar nicht fliegen, aber ich kann schneller rennen als manch anderes Tier.
(Lösung: Strauß)
- **3. Rätsel:** Ich kann weiter springen als ein Grashüpfer und besser klettern als eine Katze. Ich bin kleiner als ein Hund und größer als ein Meerschweinchen. Mein Zuhause liegt weiter oben als das von anderen Tieren. Ich habe einen buschigen Schwanz, der nur wenig kürzer als mein Körper ist.
(Lösung: Eichhörnchen)

Nennen Sie den Schülern das Thema der Stunde: „Wettkampf der Tiere" und den Stundeninhalt „Vergleiche". Erklären Sie den Schülern, dass man für einen Vergleich ein Adjektiv in der Mehrstufe/Höherstufe (Komparativ) und das Wörtchen **als** benötigt. Fordern Sie die Kinder auf, sich an die Rätsel zu erinnern und Ihnen einige Vergleiche zu nennen. Schreiben Sie die Vergleiche an die Tafel (z. B. **größer als**).

Arbeitsphase (ca. 15–20 Min.)

Leiten Sie zur Arbeitsphase über und erklären Sie den Kindern, dass es nun um weitere Vergleiche geht. Die Tiere messen sich im Wettkampf miteinander und vergleichen einander. Verteilen Sie die Arbeitsblätter und besprechen Sie diese mit den Schülern. Die Schüler schneiden Bilder aus und ordnen sie einander zu. Sie schreiben anschließend zwei passende Vergleichssätze auf: z. B. **Katzenohren sind kürzer als Hasenohren. Hasenohren sind länger als Katzenohren.** Bei zwei Sätzen ist die Formulierung eines zweiten Vergleichssatzes schwierig: **Adleraugen sehen schärfer als Maulwurfsaugen.** → Hier kann man schärfer durch **besser** ersetzen und in der Umkehrung **schlechter** schreiben. **Ein Krokodil hat spitzere Zähne als ein Hamster.** → Die Formulierung **weniger spitze Zähne** ist etwas umständlich. Die Schüler sollen erkennen, dass es nicht für jeden Vergleich eine passende Umkehrung gibt.

Differenzierung
Schnelle Kinder können weitere Vergleiche finden, aufmalen und aufschreiben.

13. Steigerung von Adjektiven 1

Übungssstunde

Abschluss/Reflexion (ca. 15 Min.)

Besprechen Sie die Aufgabe. Lassen Sie die Schüler zusätzliche Beispiele, die sie gefunden haben, vorlesen. Fordern Sie die Schüler auf, in ihrem Heft oder auf einem Blatt untereinander die Zahlen von 1–6 zu schreiben. Lesen Sie die Vergleiche nacheinander vor und geben Sie den Schülern jeweils ca. eine Minute Zeit, einen passenden Vergleich in einem Satz aufzuschreiben (z. B. **Eine Ameise ist kleiner als eine Maus.**).

1. ein Tier, das kleiner ist als eine Maus
2. ein Tier, das weiter hüpft als ein Frosch
3. ein Tier, das weniger Beine hat als eine Spinne
4. ein Tier, das älter wird als ein Hamster
5. ein Tier, das schneller rennt als eine Katze
6. ein Tier, das lauter ist als ein Hund

Bitten Sie die Schüler, ihre Vergleiche vorzulesen, und überprüfen Sie sie gemeinsam auf Richtigkeit.

Lösungsbeispiele

	Katzenohren sind kürzer als Hasenohren. Hasenohren sind länger als Katzenohren.	
	Eine Schnecke ist langsamer als ein Pferd. Ein Pferd ist schneller als eine Schnecke.	
	Eine Ameise ist kleiner als eine Spinne. Eine Spinne ist größer als eine Ameise.	
	Adleraugen sehen besser als Maulwurfsaugen. Maulwurfsaugen sehen schlechter als Adleraugen.	
	Bärenfell ist weicher als Igelstacheln. Igelstacheln sind härter als Bärenfell.	
	Krokodilszähne sind spitzer als Biberzähne. Biberzähne sind stumpfer als Krokodilszähne.	

Wettkampf der Tiere

Die Tiere wollen sich miteinander vergleichen. Hilf ihnen dabei.

1. Schneide die Bilder aus.

2. Ordne die Bilder: Immer zwei gehören zusammen.

**3. Klebe die Bildpaare in dein Heft und schreibe die Vergleiche dazu.
Hier ein Beispiel:**

	Katzenohren sind kürzer als Hasenohren. Hasenohren sind länger als Katzenohren.	

	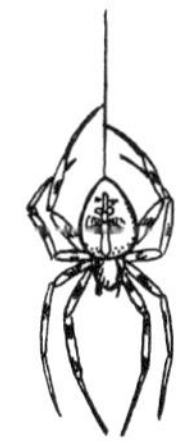		

14. Steigerung von Adjektiven 2

Übungsstunde

Grammatikinformationen

Im Deutschen gibt es drei Steigerungsformen: die Grundstufe (Positiv), die Mehrstufe/Höherstufe (Komparativ) und die Meiststufe/Höchststufe (Superlativ), z. B. **groß – größer – am größten**.

Regelmäßig gesteigerte Adjektive enden im Komparativ auf **-er** und werden mit **als** verbunden.

Im Superlativ enden die Adjektive auf **-st-** bzw. **-est-** + Deklinationsendung. In der Verwendung als Prädikatsnomen oder Adverb wird der Superlativ mit **am …(e)sten** gebildet.

Kompetenzerwartungen

Die Schüler sind in der Lage, für die Steigerungsreihen von Adjektiven passende Vergleiche zu finden.

Materialliste

- drei kleine Preise (Einstieg)
- KV „Wer ist Sieger?" (Klassensatz)

Stundenverlauf

Einstieg (ca. 10 Min.)

Fordern Sie die Schüler auf, sich der Größe nach in einer Linie vor der Tafel aufzustellen. Links steht der Größte, rechts der Kleinste. Wenn alle Schüler stehen, beginnt der Größte (Schüler 1): „Ich bin klein." Der nächste Schüler macht weiter: „Ich bin kleiner als Schüler 1." Dies geht bis zum letzten Schüler, der sagt: „Ich bin am kleinsten." Der letzte – der kleinste Schüler – ist der Sieger. Geben Sie ihm einen kleinen Preis.

Fordern Sie die Schüler in der zweiten Runde auf, sich nach Alter aufzustellen: Der Jüngste steht links, der Älteste rechts. Die Schüler sagen: „Ich bin alt/älter als …/am ältesten". Geben Sie dem Ältesten einen kleinen Preis.

In der dritten Runde sollen sich die Schüler nach Haarlänge aufstellen. Das Kind mit den kürzesten Haaren steht links, das Kind mit den längsten Haaren rechts. Die Kinder sagen: „Meine Haare sind lang/länger als … /am längsten." Geben Sie dem Kind mit den längsten Haaren einen Preis. Bitten Sie die Schüler am Ende wieder auf den Platz.

Hinweis: Die Preise dienen dazu, diejenigen Schüler, die sich eventuell aufgrund ihrer Größe oder ihres Alters (z. B. bei Wiederholern) bei einer solchen Aufgabe unwohl fühlen könnten, positiv zu unterstützen. Sie schaffen außerdem die Überleitung zur Aufgabe der Arbeitsphase.

Arbeitsphase (ca. 20–25 Min.)

Erklären Sie den Schülern, dass es in der anschließenden Arbeitsphase ebenfalls um das Vergleichen und das Verteilen von Preisen geht. Verteilen Sie die Arbeitsblätter und besprechen Sie die Aufgabe mit den Schülern. Auf dem Arbeitsblatt sind mehrere Siegertreppchen abgebildet, unter denen Vergleiche stehen. Die Schüler lesen die Vergleiche und finden passende Beispiele (Tiere, Personen oder Gegenstände), die sie auf die Siegertreppchen zeichnen. Sie schreiben jeweils drei passende Sätze dazu und verwenden dabei die Steigerungsformen.

Hinweis: Eventuell fallen einigen Schüler keine passenden Tiere, Personen oder Gegenstände ein. Bieten Sie nach ca. fünf Minuten an, sich mit diesen Kindern zu treffen und gemeinsam zu überlegen.

14. Steigerung von Adjektiven 2

Übungsstunde

Abschluss/Reflexion (ca. 10–15 Min.)

Besprechen Sie mit den Schülern die Aufgabe. Lassen Sie sich verschiedene Ergebnisse nennen und überprüfen Sie mit der Klasse, ob die gefundenen Beispiele stimmig sind. Spielen Sie eine oder mehrere Runden des folgenden Spiels:

Falls Sie keine Gruppentische haben, teilen Sie die Klasse in Gruppen mit 3–6 Mitspielern auf. Haben Sie Gruppentische, werden die Materialien auf den Tischen gesammelt, ansonsten können Sie für jede Gruppe einen Stuhl vor die Tafel stellen.

Nennen Sie in jeder Runde ein Adjektiv mit seinen Steigerungsformen (z. B. **klein – kleiner – am kleinsten …, lang, weich, spitz**). Nachdem Sie das Adjektiv genannt haben, versucht jede Gruppe, möglichst schnell drei Gegenstände zu finden, die zur Steigerungsreihe passen. Sind die Gegenstände gefunden, ruft die Gruppe laut „Stopp". Gemeinsam wird überprüft, ob die Gegenstände zur Steigerungsreihe passen, und die Gruppe bekommt einen Punkt. Passen die Gegenstände nicht, wird die Zeit verlängert.

Lösungsbeispiel

 dick – dicker – am dicksten	Das Schwein ist dick. Der Schneemann ist dicker. Der Elefant ist am dicksten.
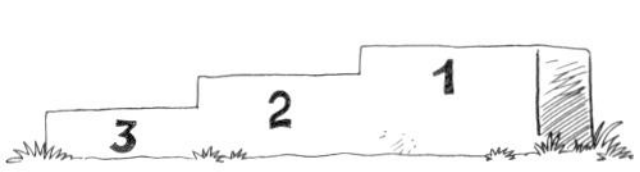 schnell – schneller – am schnellsten	Die Katze ist schnell. Der Löwe ist schneller. Der Gepard ist am schnellsten.
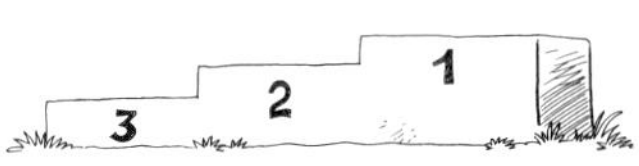 groß – größer – am größten	Das Nashorn ist groß. Der Elefant ist größer. Die Giraffe ist am größten.
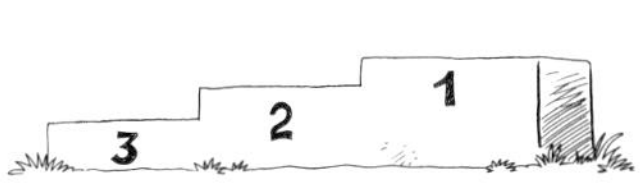 schön – schöner – am schönsten	Die Ente ist schön. Der Schwan ist schöner. Der Pfau ist am schönsten.
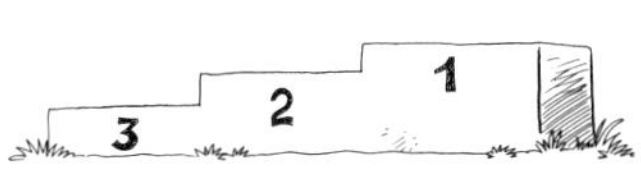 laut – lauter – am lautesten	Die Grille ist laut. Der Hund ist lauter. Der Brüllaffe ist am lautesten.

Wer ist der Sieger?

Noch sind die Plätze auf dem Siegertreppchen leer.

1. **Lies die Adjektive, denke dir passende Gegenstände, Tiere oder Personen aus.**
2. **Male sie auf die Siegertreppchen.**
3. **Schreibe zu jedem Bild drei Sätze mit Vergleichen.**

 dick – dicker – am dicksten	*Das Schwein ist dick.* *Der Schneemann ist dicker.* *Der Elefant ist am dicksten.*
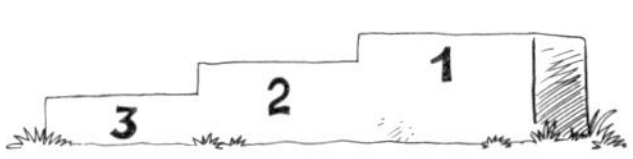 schnell – schneller – am schnellsten	
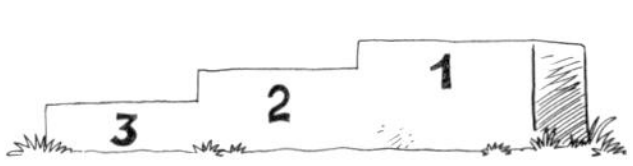 groß – größer – am größten	
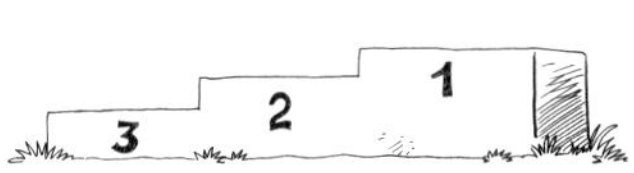 schön – schöner – am schönsten	
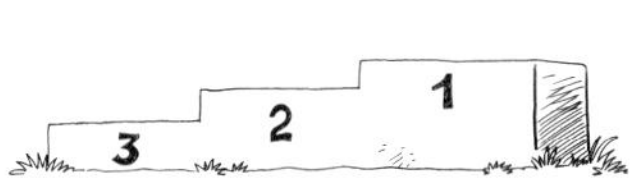 laut – lauter – am lautesten	

15. Zusammengesetzte Wörter

Einführungsstunde

Grammatikinformationen

Zusammensetzungen (Komposita) sind Verbindungen aus zwei oder mehreren eigenständigen Wörtern aller Wortarten. Zusammensetzungen bestehen aus einem Grundwort (das hinten steht und die Wortart sowie das Geschlecht des neuen Wortes bestimmt) und einem Bestimmungswort (das vorne steht und das Grundwort genauer bestimmt): z. B. **hoch** (Bestimmungswort) + **das Haus** (Grundwort) = **das Hochhaus**.

Zusammensetzungen werden gebildet, um Wörter genauer zu bestimmen (**mausgrau** ist genauer als nur **grau**) oder neue Begriffe zu schaffen (**Elektroauto**).

Kompetenzerwartungen

Die Schüler kennen die Begriffe **Grundwort** und **Bestimmungswort** und können zusammengesetzte Wörter bilden.

Materialliste

- KV „Zusammengesetzte Wörterblumen" (Klassensatz)
- KV „Zusammengesetzte Wörterblumen" einmal auf Folie kopiert
- ein Folienstift
- Overheadprojektor

Stundenverlauf

Einstieg (ca. 10 Min.)

Schreiben Sie die Farben **blau, rot, grün** an die Tafel. Fordern Sie die Schüler auf, zwei Beispiele für Dinge zu nennen, die diese Farben haben. Schreiben Sie die Nomen unter die Farbadjektive, z. B. **rot – Erdbeere**. Zeigen Sie an einem Beispiel, wie zusammengesetzte Wörter entstehen, z. B. **rot + Erdbeere = erdbeerrot**. Die Kinder bilden mündlich weitere zusammengesetzte Wörter mit den Wörtern an der Tafel. Notieren Sie einige.

Arbeitsphase (ca. 20 Min.)

Leiten Sie zur Arbeitsphase über. Verteilen Sie die Arbeitsblätter und lassen Sie von einem Kind den Merkkasten vorlesen. Bitten Sie die Schüler, für die Beispiele an der Tafel Grund- und Bestimmungswörter zu nennen.

Besprechen Sie mit den Schülern die Aufgabe. Die Schüler bilden zusammengesetzte Wörter und bestimmen jeweils die Grund- und die Bestimmungswörter.

Differenzierung
Schnelle Schüler können eigene Blumen mit zusammengesetzten Wörtern entwickeln.

Abschluss/Reflexion (ca. 15 Min.)

Besprechen Sie mit den Schülern das Arbeitsblatt anhand der Folie. Lassen Sie sich die Ergebnisse nennen und tragen Sie diese auf dem Arbeitsblatt ein.

Spielen Sie das Spiel „Galgenmännchen": Denken Sie sich ein zusammengesetzes Wort aus (z. B. **Hofhund, Haarspange, Eisenbahn**) und malen Sie statt der Buchstaben kurze waagrechte Striche an die Tafel. Die Kinder nennen Ihnen Buchstaben. Kommt der genannte Buchstabe im Wort vor, schreiben Sie ihn auf den entsprechenden Strich. Kommt der genannte Buchstabe nicht vor, malen Sie einen Teil eines Galgens (oder einen Teil des „Hauses vom Nikolaus"). Die Runde ist beendet, wenn entweder ein Kind das Wort erraten hat oder aber der Galgen bzw. das Haus fertig gezeichnet ist. Lassen Sie bei jedem zusammengesetzten Wort das Grundwort und das Bestimmungswort nennen.

Lösung
Eis-: -vogel, -becher, -zeit, -zapfen, -tee (Eis- ist das Bestimmungswort, alle anderen sind Grundwörter)
Blau-: -wal, -beere, -licht, -kraut, -meise (Blau- ist das Bestimmungswort, alle anderen sind Grundwörter)
-gelb: sonnen-, honig-, gold-, zitronen-, hell-
(-gelb ist das Grundwort, alle anderen sind Bestimmungswörter)

Zusammengesetzte Wörterblumen

Denk dran:

Aus zwei oder mehr Wörtern kann man neue Wörter zusammensetzen, um Dinge genauer auszudrücken (zum Beispiel: Maus + grau = mausgrau). Zusammengesetzte Wörter bestehen aus Grundwort und Bestimmungswort. Das **Grundwort** steht hinten. Es gibt an, worum es sich handelt. Das **Bestimmungswort** steht vorne und bestimmt das Grundwort genauer.

1. Bilde mit den Wörtern im Rand sinnvolle zusammengesetzte Wörter. Schreibe mit Bleistift, damit du radieren kannst.

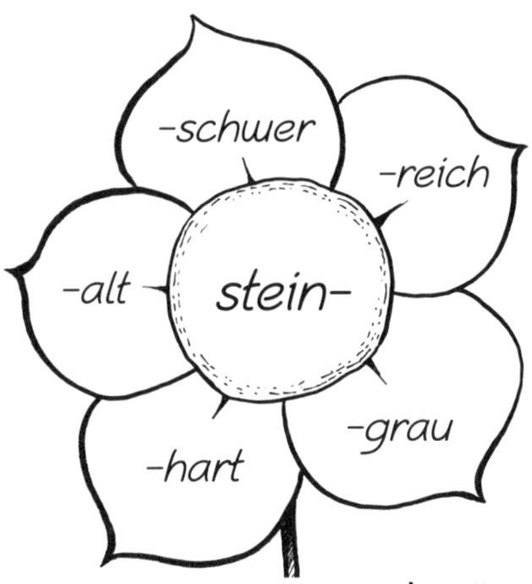

-becher

sonnen-

-kraut

honig-

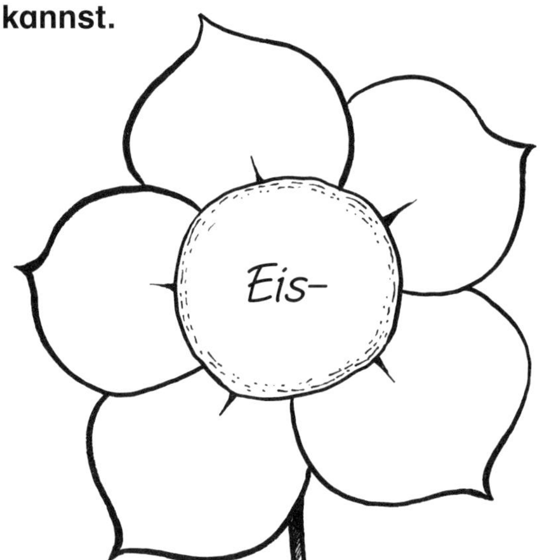

-licht

-wal

-beere

hell-

-meise

zitronen-

gold-

-tee

-vogel

-zeit

-zapfen

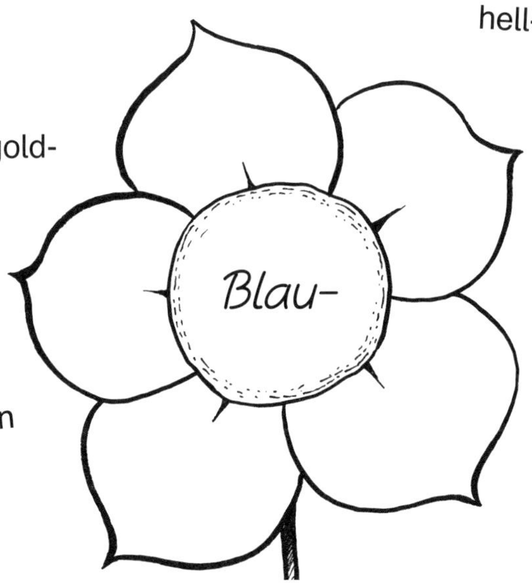

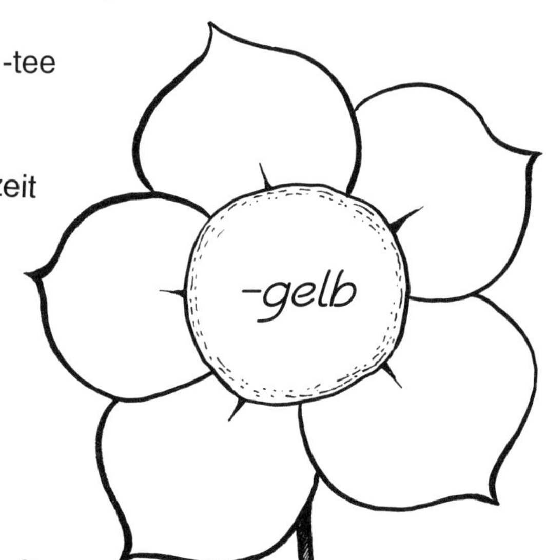

2. Schreibe die zusammengesetzten Wörter ins Heft.

3. Unterstreiche alle Grundwörter rot, alle Bestimmungswörter blau.

16. Wortarten unterscheiden
Übungsstunde

Grammatikinformationen

Nomen (Substantive/Namenwörter) werden unterschieden in Konkreta (Personen, Gegenstände, Pflanzen, Tiere etc.) und Abstrakta (nicht Greifbares, wie Zustände, Gefühle etc.). Zu jedem Nomen gehört ein Artikel (Begleiter) – **der, die, das** –, der das Genus (Geschlecht) des Nomens kennzeichnet. Man unterscheidet maskuline (**der**), feminine (**die**) und neutrale (**das**) Nomen. Nomen werden dekliniert, d. h. in die verschiedenen Fälle gesetzt (z. B. Nominativ: **das Haus**, Genitiv: **des Hauses** ...).

Adjektive (Eigenschaftswörter/Wiewörter) beschreiben, wie ein Nomen ist, z. B. **blau**, **groß**, **niedlich**. Sie stehen vor dem beschriebenen Nomen (das blaue Kleid). Adjektive können gesteigert werden: **groß – größer – am größten**.

Verben (Tätigkeitswörter/Tunwörter/Tuwörter) geben an, was jemand tut. Sie können konjugiert werden, d. h. in verschiedenen Personalformen und Zeitformen vorkommen (z. B. **ich gehe – du gehst, ich gehe – ich ging**).

Kompetenzerwartungen

Die Schüler bestimmen die Wortart eines Wortes.

Materialliste

- pro Gruppe einmal KV „Wortarten-Spiel" und ein Würfel
- für jeden Schüler eine Spielfigur (alternativ ein Chip)
- einmal KV „Wortarten-Spiel" für die Einstiegsphase, zerschnitten
- einmal KV „Wortarten-Spiel" auf Folie kopiert
- Overheadprojektor

Stundenverlauf

Einstieg (ca. 10 Min.)

Vorbereitung
Schneiden Sie entsprechend Ihrer Schülerzahl Karten aus und legen Sie diese bereit.

Verteilen Sie die Karten und fordern Sie die Schüler auf, sich nach Wortarten in Gruppen zusammenzufinden. Bitten Sie sie, gruppenweise ihre gemeinsame Wortart zu nennen und ihre Beispielwörter vorzulesen. Kontrollieren Sie zusammen mit den Kindern, ob sich jeder der richtigen Gruppe zugeordnet hat. Wiederholen Sie mit den Kindern die Merkmale der Wortarten.

Arbeitsphase (ca. 25 Min.)

Teilen Sie die Spielgruppen ein in 2–5 Spieler pro Gruppe. Verteilen Sie die Spielmaterialien und besprechen Sie die Regeln. Die Schüler spielen in den Gruppen das Wortarten-Spiel und bestimmen die Wortarten. Gewonnen hat, wer zuerst das Ziel erreicht oder überschreitet (z. B. Wer auf Feld 54 steht, kann mit einer 2, 3, 4, 5 oder 6 gewinnen und muss nicht warten, bis er eine 2 gewürfelt hat.).

Differenzierung
Gruppen, die fertig sind, beginnen das Spiel erneut oder malen den Spielplan mit verschiedenen Farben an, wobei die Felder mit gleichen Wortarten gleiche Farben haben sollen.

Abschluss/Reflexion (ca. 10 Min.)

Spielen Sie zum Abschluss mit den Schülern das Spiel auf Folie. Spielen Sie gegen die Klasse oder teilen Sie die Klasse in zwei Mannschaften und spielen Sie gegen beide Mannschaften. Lassen Sie für alle Felder, auf die eine Spielfigur kommt, die Wortart bestimmen.

Gewonnen hat, wer am Stundenende dem Ziel am nächsten gekommen ist.

Wortarten-Spiel

Würfelt nacheinander. Bestimme auf jedem Feld, auf dem du landest, die Wortart. Wenn sie falsch ist, gehe ein Feld zurück. Hast du eine 1 gewürfelt, darfst du auf das nächste Feld mit derselben Wortart vorrücken. Hast du eine 6 gewürfelt, musst du auf das letzte Feld mit derselben Wortart zurückgehen. Gewonnen hat, wer das Ziel erreicht oder überschreitet.

START ✶	**1** das Leben	**2** rufen	**3** schön	**4** der Hund	**5** das Boot
25 riesig	**26** bitten	**27** rollen	**28** die Welt	**29** alt	**6** gelb
24 gut	**43** das Tor	**44** blind	**45** hüpfen	**30** lieben	**7** lachen
23 klein	**42** die Hand	**53** **ZIEL** ✶	**46** der See	**31** leise	**8** die Wiese
22 die Maus	**41** der Tisch	**52** hängen	**47** gehen	**32** klagen	**9** singen
21 der Wald	**40** teuer	**51** nett	**48** verreisen	**33** das Auto	**10** neu
20 hören	**39** verkaufen	**50** retten	**49** dick	**34** der Wurm	**11** die Nase
19 süß	**38** das Kabel	**37** spielen	**36** die Geige	**35** das Pferd	**12** die Uhr
18 stolpern	**17** schreiben	**16** kalt	**15** böse	**14** frech	**13** halten

17. Personalpronomen
Einführungsstunde

Grammatikinformationen

Ein Personalpronomen (persönliches Fürwort) dient als Ersatz für ein Nomen.

Numerus	Person	Nominativ	Genitiv	Dativ	Akkusativ
Singular	1.	ich	meiner	mir	mich
	2.	du	deiner	dir	dich
	3.	er/sie/es	seiner/ihrer/seiner	ihm/ihr/ihm	ihn/sie/es
Plural	1.	wir	unser	uns	uns
	2.	ihr	euer	euch	euch
	3.	sie	ihrer	ihnen	sie
Höflichkeitsform	2.	Sie	Ihrer	Ihnen	Sie

Kompetenzerwartungen

Die Schüler kennen Personalpronomen der 3. Person Singular und Plural.

Materialliste

KV „Personalpronomen-Rätsel" (Klassensatz)

Stundenverlauf

Einstieg (ca. 15 Min.)

Lesen Sie folgende Rätsel einzeln mit jeweils einer kurzen Pause zwischen den Sätzen vor. In jeder Pause haben die Schüler die Möglichkeit, ihren Tipp abzugeben. Spielen Sie, bis jemand das Rätsel erraten hat.

- **1. Rätsel:** Sie ist eine alte Frau./Sie sucht jemanden, der ihr hilft./Sie wohnt in einem anderen Land./Sie hat etwas mit Schnee zu tun./Sie ist eine Figur aus einem Märchen. (Frau Holle)
- **2. Rätsel:** Sie hat immer lustige Ideen./Sie lebt alleine in ihrem Haus./Sie hat viele Sommersprossen./Ihre besten Freunde sind die Nachbarskinder./Sie besitzt ein Pferd und einen Affen. (Pippi Langstrumpf)

Schreiben Sie jeweils den ersten Satz der Rätsel an die Tafel. Erklären Sie, dass Personalpronomen persönliche Fürwörter sind, die für ein Nomen stehen. Besprechen Sie anhand der Sätze, wie die Personalpronomen heißen und für welche Nomen sie im Satz stehen.

Arbeitsphase (ca. 20 Min.)

Leiten Sie zum Arbeitsblatt über und lesen und besprechen Sie gemeinsam den Merkkasten. Erklären Sie den Schülern, dass sie nun weitere Rätsel lösen und anschließend eigene schreiben sollen, die später vorgestellt werden. Die Schüler bearbeiten das Arbeitsblatt.

Differenzierung

Schnelle Schüler können weitere Personenrätsel erstellen.

Abschluss/Reflexion (ca. 10 Min.)

Besprechen Sie die Rätsellösungen. Fragen Sie auch nach, woran die Kinder die Personen erkannt haben. Bitten Sie die Schüler, nochmals zusammenzufassen, was Personalpronomen sind. Lassen Sie einige Schüler ihre Rätsel vorlesen und von der Klasse erraten. Fragen Sie nach, woran die Personen erkannt wurden und wie die Personalpronomen heißen.

Personalpronomen-Rätsel

Denk dran:

Personalpronomen (persönliche Fürwörter) ersetzen in einem Satz ein Nomen. Personalpronomen der 3. Person heißen er, sie, es und sie (mehrere), wenn sie im Satz Subjekt sind.
Auf die Frage Wem? heißen sie ihm, ihr, ihm, ihnen.
Auf die Frage Wen? heißen sie ihn, sie, es und sie.

1. Welche berühmten Figuren aus Geschichten, Büchern und dem Fernsehen verstecken sich hinter den Rätseln? Finde es heraus, indem du die Rätsel liest.

a) Sie ist sehr schön. Sie hat eine böse Stiefmutter, die sie mit einem vergifteten Apfel töten wollte. Sie ist eine Königstochter. Sie hat eine Haut, die so weiß wie Schnee ist, und Wangen so rot wie Blut.

Lösung: ____________________

c) Sie sind Bruder und Schwester. Sie haben einen Vater und eine Stiefmutter. Der Vater bringt sie in den Wald und lässt sie dort zurück. Sie treffen eine Hexe, die den Bruder essen will. Doch sie können sich retten.

Lösung: ____________________

b) Er ist ein kleiner Mann. Er hat einen Bart und eine Zipfelmütze. Viele Kinder warten jeden Abend auf ihn. Sie verdanken ihm, dass sie gut schlafen können.

Lösung: ____________________

d) Es ist kein Mensch und kein Tier. Ihm gehört ein Taucheranzug. Im Gesicht hat es blaue Punkte. Herr Taschenbier heißt der Mensch, bei dem es wohnt. Es kommt immer nur am Samstag.

Lösung: ____________________

2. Unterstreiche in den Rätseln alle Personalpronomen.

3. Schreibe eigene Rätsel über einen Jungen und über ein Mädchen aus deiner Klasse. Verwende statt der Namen Personalpronomen.

Rätsel über ____________ (Junge)	Rätsel über ____________ (Mädchen)

18. Possessivpronomen

Einführungsstunde

Grammatikinformationen

Das Possessivpronomen (Possessivbegleiter/besitzanzeigendes Fürwort) zeigt die Beziehung bzw. das Besitzverhältnis zu einem Nomen an, z. B. **mein** Schuh, **deine** Schwester, **sein** Auto. Possessivpronomen werden wie das zu ihnen gehörende Referenznomen dekliniert. Die Deklinationstabelle zeigt die Formen in den verschiedenen Fällen:

Singular: mein, dein, sein, ihr

	Nominativ	Genitiv	Dativ	Akkusativ
Maskulin der Hund	mein/dein/ sein/ihr Hund	meines/deines/ seines/ihres Hundes	meinem/deinem/ seinem/ihrem Hund	meinen/deinen/ seinen/ihren Hund
Feminin die Katze	meine/deine/ seine/ihre Katze	meiner/deiner/ seiner/ihrer Katze	meiner/deiner/ seiner/ihrer Katze	meine/deine/ seine/ihre Katze
Neutrum das Buch	mein/dein/ sein/ihr Buch	meines/deines/ seines/ihres Buches	meinem/deinem/ seinem/ihrem Buch	mein/dein/ sein/ihr Buch

Plural: unser, euer, ihr

	Nominativ	Genitiv	Dativ	Akkusativ
Maskulin der Hund	unser/euer/ ihr Hund	unseres/eures/ ihres Hundes	unserem/eurem/ ihrem Hund	unserem/eurem/ ihren Hund
Feminin die Katze	unsere/eure/ ihre Katze	unserer/eurer/ ihrer Katze	unserer/eurer/ ihrer Katze	unsere/eure/ ihre Katze
Neutrum das Buch	unser/euer/ ihr Buch	unseres/eures/ ihres Buches	unserem/eurem/ ihrem Buch	unser/euer/ ihr Buch

Kompetenzerwartungen

Die Schüler kennen den Begriff **Possessivpronomen (besitzanzeigendes Fürwort)** und wissen, dass die Wörter **mein**, **dein**, **sein**, **ihr** Possessivpronomen sind.

Materialliste

- ggf. Abspielgerät und Musik
- KV „Possessivpronomen-Rätsel" (Klassensatz)
- KV „Possessivpronomen – Freundebuch" (Klassensatz)

18. Possessivpronomen

Einführungsstunde

Stundenverlauf

Einstieg (ca. 10 Min.)

Erklären Sie den Kindern, dass es in der folgenden Stunde um Possessivpronomen (oder besitzanzeigende Fürwörter) gehen wird und dass zu diesen **mein**, **dein**, **sein**, **ihr**, **unser** gehört. Schreiben Sie **Possessivpronomen** (oder **besitzanzeigende Fürwörter**) und die Beispiele an die Tafel.

Fordern Sie die Schüler auf, im Raum herumzugehen und auf Ihre Ansage einen Partner nach bestimmten Kriterien zu suchen. Sie können dabei Musik laufen lassen, die Sie für die Ansagen unterbrechen oder durch ein akustisches Zeichen (Klingel, Klatschen) die Ansagen ankündigen.

Machen Sie folgende Ansagen:
„Suche dir einen Partner, …

- der eine andere Augenfarbe hat."
- der eine andere Frisur hat."
- dessen Pulli eine andere Farbe hat."
- der ein anderes Hobby hat."
- der eine andere Lieblingseissorte hat."
- der in einer anderen Straße wohnt."

Wenn kein passender Partner gefunden werden kann, sollen die Schüler irgendeinen Partner nehmen (das könnte z. B. bei der Augenfarbe oder Lieblingseissorte der Fall sein). Wenn alle einen Partner haben, bitten Sie die Schüler, sich gegenseitig zu sagen, worin sie sich unterscheiden bzw. sich gleichen. Dabei sollen sie ein Possessivpronomen zu benutzen (z. B. „Meine Augenfarbe ist blau, deine ist braun." bzw. „Unsere Augenfarbe ist braun.").

Gehen Sie anschließend zu einzelnen Paaren und fragen einen der beiden Partner: „Celine, worin unterscheidet oder gleicht ihr euch?" Celine antwortet: „Meine Augenfarbe ist blau, ihre ist braun." Gehen Sie sowohl zu Paaren mit Mädchen („ihr[e]") als auch zu Paaren mit Jungen („sein[e]"), damit alle möglichen Possessivpronomen genannt werden. Bitten Sie die Schüler, sich wieder auf ihre Plätze zu setzen.

Arbeitsphase (ca. 20–25 Min.)

Verteilen Sie die Arbeitsblätter (zunächst nur „Possessivpronomen-Rätsel") und besprechen Sie mit den Schülern die Aufgaben. Legen Sie das zweite Arbeitsblatt („Possessivpronomen – Freundebuch") an einem verabredeten Platz bereit, sodass die Schüler sich dieses holen können, wenn sie mit dem ersten Blatt fertig sind.

Differenzierung
Schnelle Schüler können auf dem Blatt noch weitere Angaben über sich machen oder ein Bild von sich malen.

Abschluss/Reflexion (ca. 10 Min.)

Vergleichen Sie die Ergebnisse und lassen Sie die Schüler erklären, wie sie auf die Lösungen kamen.

Sammeln Sie alle Freundebuchseiten (KV 2) ein. Lesen Sie mehrere Freundebuchseiten komplett vor, ohne den Namen des Kindes zu nennen. Lassen Sie die Klasse raten, um welches Kind es sich handelt.

Lösung

Louis:
Seine Lieblingsfarbe ist grün.
Seine Haarfarbe ist schwarz.

Ira:
Ihre Augenfarbe ist blau.
Ihre Haarfarbe und ihre Lieblingsfarbe hat sonst niemand.

Lisa:
Ihr Hobby ist Fußball.
Ihre Augenfarbe ist nicht blau.

Pedro:
Seine Haare und seine Augen haben dieselbe Farbe.
Sein Hobby ist nicht Fußball.

Possessivpronomen-Rätsel

1. **Lies die Seiten aus dem Freundebuch und die Rätsel.**
2. **Schreibe die richtigen Namen der Kinder über das Rätsel. Trage in die Texte die passenden Possessivpronomen (besitzanzeigende Fürwörter) ein. Überlege, wann du Formen von ihr und wann du Formen von sein benutzen musst.**

Name: *Louis*

Meine Haarfarbe: *schwarz*
Meine Augenfarbe: *blau*
Meine Lieblingsfarbe: *grün*
Mein Hobby: *Fußball*

Name: *Ira*

Meine Haarfarbe: *rot*
Meine Augenfarbe: *blau*
Meine Lieblingsfarbe: *pink*
Mein Hobby: *reiten*

Name: *Lisa*

Meine Haarfarbe: *braun*
Meine Augenfarbe: *braun*
Meine Lieblingsfarbe: *schwarz*
Mein Hobby: *Fußball*

Name: *Pedro*

Meine Haarfarbe: *braun*
Meine Augenfarbe: *braun*
Meine Lieblingsfarbe: *grün*
Mein Hobby: *Tischtennis*

✶ **Name** ______________________ :

__________ Augenfarbe ist blau.

__________ Haarfarbe und __________ Lieblingsfarbe hat sonst niemand.

✶ **Name** ______________________ :

__________ Hobby ist Fußball. __________ Augenfarbe ist nicht blau.

✶ **Name** ______________________ :

__________ Lieblingsfarbe ist grün. __________ Haarfarbe ist schwarz.

✶ **Name** ______________________ :

__________ Haare und __________ Augen haben dieselbe Farbe.

__________ Hobby ist nicht Fußball.

Possessivpronomen – Freundebuch

1. Auch das Wörtchen mein ist ein Possessivpronomen (besitzanzeigendes Fürwort). Auf dieser Seite eines Freundebuches fehlen alle Possessivpronomen, ergänze sie.

2. Fülle die Freundebuchseite mit deinen persönlichen Angaben aus.

Mein Name: ______________________

______________ Adresse:

____

____

____

______________ Telefonnummer: ______________

Zu ______________ Familie gehören außer mir: ______________

____

______________ Klasse ist die: ______________

______________ Haarfarbe ist: ______________

______________ Augenfarbe ist: ______________

______________ Lieblingsfarbe ist: ______________

______________ Hobby ist: ______________

____

19. Wortfeld

Einführungsstunde

Grammatikinformationen

In einem Wortfeld werden Wörter mit synonymer oder ähnlicher Bedeutung zusammengefasst, z. B. Wortfeld **sagen**: **sprechen**, **reden**, **kreischen**, **flüstern**.

Kompetenzerwartungen

Die Schüler kennen den Begriff **Wortfeld**. Sie können einzelne Verben einem bestimmten Wortfeld zuordnen. Sie können Wörter durch andere aus demselben Wortfeld ersetzen (Differenzierung/Hausaufgabe).

Materialliste

- KV „Wortfeld-Spiel" (Klassensatz)
- KV „Wortfeld **machen** – Mach es besser!" (Klassensatz)

Stundenverlauf

Einstieg (ca. 10–15 Min.)

Lesen Sie den Schülern folgenden Text langsam und deutlich vor.

▸ *Als Tina von der Schule kommt, hat ihre Mutter schon das Mittagessen gemacht. Nach dem Essen macht Tina ihre Hausaufgaben. Die Mutter macht in der Zeit den Abwasch. Weil Tina so schnell gemacht hat, machen beide Einkäufe und können sogar noch ein Spiel machen. Während Tinas Mutter das Abendessen macht, macht Tina ein Haus aus Legosteinen. Nach dem Abendessen macht sie sich zum Schlafengehen fertig. Dann sagt sie zu ihrer Mutter: „Heute haben wir aber viel gemacht."*

Wenn die Kinder nicht von sich aus auf den Text reagieren, fragen Sie sie, wie ihnen der Text gefallen hat und ob man eventuell noch etwas verbessern kann. Arbeiten Sie gemeinsam heraus, dass ein Text langweilig ist, wenn Wörter (in diesem Fall **machen**) zu häufig wiederholt werden. Lesen Sie den Text satzweise vor und bitten Sie die Schüler um Ersatzvorschläge.

Erklären Sie anhand der gefundenen Beispiele, dass alle Wörter, die in ihrer Bedeutung gleich oder ähnlich sind, zu einem Wortfeld gehören.

Leiten Sie zur Arbeitsphase über und nennen Sie den Schülern das Ziel der Stunde: „Wir finden Wörter zu verschiedenen Wortfeldern."

Arbeitsphase (ca. 20–25 Min.)

Verteilen Sie das Arbeitsblatt (KV „Wortfeld-Spiel"). Besprechen Sie die Aufgaben mit den Kindern. Die Schüler suchen aus einem Suchsel Verben zu den Wortfeldern **gehen**, **sagen**, **machen** und **sehen** heraus und malen sie in vorgegebener Farbe an. Sie schreiben die Wörter in eine Tabelle und erhalten so vier Wortfelder.

Abschluss/Reflexion (ca. 5–10 Min.)

Lassen Sie jeweils ein Kind eine Tabellenspalte vorlesen.

Verteilen Sie als Hausaufgabe das Arbeitsblatt „Wortfeld **machen** – Mach es besser!" und besprechen Sie dieses mit den Schülern.

Falls Sie noch Zeit haben, können Sie mit den Schülern Pantomime spielen. Bitten Sie ein Kind zu sich und flüstern Sie ihm eines der Wörter aus den Wortfeldern **gehen** oder **sagen** ins Ohr. Das Kind spielt diesen Begriff vor (beim Wortfeld **sagen** auch mit Stimmeinsatz), die anderen erraten das Wort.

19. Wortfeld

Einführungsstunde

Lösung

Wortfeld gehen	Wortfeld sagen	Wortfeld machen	Wortfeld sehen
eilen	rufen	erledigen	angucken
laufen	nennen	durchführen	schauen
schreiten	sprechen	herstellen	entdecken
traben	fragen	tun	betrachten

s	**c**	**h**	**r**	**e**	**i**	**t**	**e**	**n**	t	**a**	h	s	**e**	k	l	**d**
a	b	t	z	i	**n**	**e**	**n**	**n**	**e**	**n**	d	s	**r**	a	h	**u**
t	l	z	n	j	s	e	**f**	**r**	**a**	**g**	**e**	**n**	**l**	b	i	**r**
e	**i**	**l**	**e**	**n**	e	c	e	g	m	**u**	k	t	**e**	**r**	z	**c**
a	j	s	n	t	o	k	l	ö	o	**c**	d	s	**d**	**u**	r	**h**
s	t	v	e	**e**	**n**	**t**	**d**	**e**	**c**	**k**	**e**	**n**	**i**	**f**	a	**f**
b	**e**	**t**	**r**	**a**	**c**	**h**	**t**	**e**	**n**	**e**	r	h	**g**	**e**	t	**ü**
ü	n	**u**	k	d	f	a	b	h	z	**n**	t	r	**e**	**n**	g	**h**
m	s	**n**	j	l	j	n	**s**	**c**	**h**	**a**	**u**	**e**	**n**	f	z	**r**
l	**a**	**u**	**f**	**e**	**n**	d	v	**s**	**p**	**r**	**e**	**c**	**h**	**e**	**n**	**e**
e	e	b	n	n	**h**	**e**	**r**	**s**	**t**	**e**	**l**	**l**	**e**	**n**	t	**n**
l	u	n	e	v	e	**t**	**r**	**a**	**b**	**e**	**n**	r	t	z	b	u

Wortfeld-Spiel

Im Suchsel sind jeweils 4 Verben zu verschiedenen Wortfeldern versteckt. Suche sie heraus, male sie an und schreibe sie in die Tabelle.

Wortfeld sagen: grün   Wortfeld machen: blau
Wortfeld sehen: rot   Wortfeld gehen: gelb

s	c	h	r	e	i	t	e	n	t	a	h	s	e	k	l	d
a	b	t	z	i	n	e	n	n	e	n	d	s	r	a	h	u
t	l	z	n	j	s	e	f	r	a	g	e	n	l	b	i	r
e	i	l	e	n	e	c	e	g	m	u	k	t	e	r	z	c
a	j	s	n	t	o	k	l	ö	o	c	d	s	d	u	r	h
s	t	v	e	e	n	t	d	e	c	k	e	n	i	f	a	f
b	e	t	r	a	c	h	t	e	n	e	r	h	g	e	t	ü
ü	n	u	k	d	f	a	b	h	z	n	t	r	e	n	g	h
m	s	n	j	l	j	n	s	c	h	a	u	e	n	f	z	r
l	a	u	f	e	n	d	v	s	p	r	e	c	h	e	n	e
e	e	b	n	n	h	e	r	s	t	e	l	l	e	n	t	n
l	u	n	e	v	e	t	r	a	b	e	n	r	t	z	b	u

Wortfeld gehen 	**Wortfeld sagen** 	**Wortfeld machen** 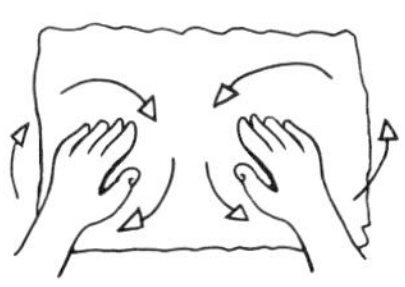	**Wortfeld sehen** 

Wortfeld machen – Mach es besser!

1. Lies den Text.

2. Streiche das Verb machen durch und schreibe ein passendes Verb darüber.

Als Tina von der Schule kommt,

hat ihre Mutter schon das Mittagessen gemacht.

Nach dem Essen macht Tina ihre Hausaufgaben.

Die Mutter macht in der Zeit den Abwasch.

Weil Tina so schnell gemacht hat, machen beide Einkäufe

und können sogar noch ein Spiel machen.

Während Tinas Mutter das Abendessen macht,

macht Tina ein Haus aus Legosteinen.

Nach dem Abendessen macht sie sich zum Schlafengehen fertig.

Dann sagt sie zu ihrer Mutter: „Heute haben wir aber viel gemacht.“

3. Sammle selbst Verben zum Wortfeld sagen.

Satzglieder und Sätze

20. Subjekt
Übungsstunde

Grammatikinformationen

Subjekte stehen im Nominativ. Sind Subjekte Nomen, haben sie im Singular die Artikel **der**, **die**, **das**, **ein** oder **eine**, im Plural den Artikel **die**. Das Subjekt erfragt man mit der Frage: „Wer oder was tut etwas?"

Kompetenzerwartungen

Die Schüler wissen, dass man ein Subjekt im Satz mit der Frage „Wer oder was tut etwas?" erfragt und können Subjekte im Satz bestimmen.

Materialliste

- KV „Subjekt-Schlange" (½ Klassensatz)
- KV „Subjekt-Schlange", einmal auf OHP-Folie kopiert und zerschnitten
- eine Blanko-OHP-Folie, ein Folienstift
- Scheren für die Schüler
- Overheadprojektor

Stundenverlauf

Einstieg (ca. 10 Min.)

Spielen Sie mit den Schülern das Rhythmusspiel „Wer hat die Kekse aus der Dose geklaut?". Sprechen Sie dazu folgende Sätze rhythmisch.

Alle: „Wer hat die Kekse aus der Dose geklaut?"
Kind 1: „Tim hat die Kekse aus der Dose geklaut."
Tim: „Wer ich?" Alle: „Ja, du."
Tim: „Niemals!" Alle: „Wer dann?"
Tim: „Max hat die Kekse aus der Dose geklaut.
...

Wenn Sie sich mit den Schülern in einen Stehkreis stellen, können Sie so lange spielen, bis alle Kinder dran waren. Wer einmal „verdächtigt" wurde, setzt sich hin.

Arbeitsphase (ca. 20 Min.)

Legen Sie die ersten drei Folien-Karten der „Subjekt-Schlange" und eine beliebige weitere Karte als stummen Impuls auf den Overheadprojektor. Die Schüler lesen die Karten und bringen die ersten drei Karten in die richtige Reihenfolge. Fordern Sie sie auf, für die ersten beiden Karten den passenden Satz zu formulieren (**Der Osterhase** bringt die Ostereier. **Der Schornsteinfeger** reinigt den Schornstein.). Schreiben Sie die Sätze auf die Blanko-Folie. Fordern Sie die Kinder auf, die Subjekte durch die Frage „Wer oder was tut etwas?" zu bestimmen, und unterstreichen Sie die Subjekte. Lassen Sie die geordneten Karten und die Blanko-Folie mit den Sätzen als Hilfe während der Arbeitsphase sichtbar liegen.

Partnerarbeitsphase: Verteilen Sie an jeweils ein Schülerpaar ein Arbeitsblatt (KV „Subjekt-Schlange"). Die Schüler schneiden die Karten aus und legen die Subjekt-Schlange. Im Anschluss schreiben sie die passenden Sätze ins Heft und unterstreichen die Subjekte.

Abschluss/Reflexion (ca. 15 Min.)

Kontrollieren Sie mit den Schülern anhand der Folien-Karten. Schreiben Sie die Sätze auf die Blanko-Folie.

Spielen Sie zum Abschluss nochmals das Spiel „Wer hat die Kekse aus der Dose geklaut?".

Subjekt-Schlange

**1. Partnerarbeit: Schneidet die Karten an den gestrichelten Linien aus.
Legt die Schlange richtig aneinander.**

**2. Einzelarbeit: Jeder schreibt die Antworten zu den Fragen als Sätze in sein Heft.
Unterstreicht die Subjekte.** Beispiel: Der Osterhase bringt die Ostereier.

 **START**	Wer oder was bringt die Ostereier?	der Osterhase	Wer oder was reinigt den Kamin?
der Schornsteinfeger	Wer oder was singt im Baum?	der Igel	Wer oder was trocknet die Haare?
der Haifisch	Wer oder was bringt mich ins Bett?	der Fön	Wer oder was steht im Regal?
der Mückenstich	Wer oder was sieht schlecht?	der Schokopudding	Wer oder was sitzt auf dem Thron?
die Sternschnuppe	Wer oder was schwimmt im Meer?	meine Mutter	Wer oder was hüpft auf und ab?
der Gummiball	Wer oder was ist braun und süß?	das Buch	Wer oder was fällt vom Himmel?
der König	Wer oder was juckt entsetzlich?	die Amsel	Wer oder was hat viele Stacheln?
der Maulwurf	Wer oder was kommt bei Feuer?	die Feuerwehr	**ENDE** 

21. Prädikat

Übungsstunde

Grammatikinformationen

Ein grammatikalisch korrekter und sinnvoller Satz kann auf ein Satzglied nicht verzichten, das Prädikat. Das Prädikat ist eine konjugierte Verbform und gibt an, was jemand tut.

Kompetenzerwartungen

Die Schüler bestimmen in Sätzen Prädikate.

Materialliste

KV „Prädikatsuche" (Klassensatz)

Stundenverlauf

Einstieg (ca. 10 Min.)

Erklären Sie den Schülern, dass es heute um Märchen-Sätze geht. Bitten Sie sie, Ihnen zu erzählen, was in Märchen gemacht wird. Schreiben Sie die Ideen der Kinder an die Tafel (z. B. **Hexen zaubern.**). Fordern Sie die Schüler auf, die Prädikate in den Sätzen zu bestimmen, und lassen Sie diese unterstreichen.

Leiten Sie zur Arbeitsphase über und erklären Sie den Kindern, dass sie nun auch Prädikate finden und bestimmen sollen.

Arbeitsphase (ca. 20 Min.)

Verteilen Sie die Arbeitsblätter (KV „Prädikatsuche") und besprechen Sie mit den Schülern die Aufgabe. Die Schüler suchen in Sätzen die Prädikate, malen diese an und verbinden anschließend die Zahlen unter den Prädikaten in der richtigen Reihenfolge. Wenn alles richtig gemacht wurde, können sie, wenn sie das Blatt auf den Kopf stellen, ein Haus mit Schornstein erkennen.

Die zweite Aufgabe besteht darin, die Prädikate mit den jeweiligen Subjekten herauszuschreiben.

Abschluss/Reflexion (ca. 15 Min.)

Bitten Sie die Schüler, die herausgeschriebenen Prädikate und Subjekte vorzulesen.

Spielen Sie mit den Kindern „Menschen-Memory®". Schicken Sie zwei Ratekinder nach draußen. Alle übrigen suchen sich einen Partner und vereinbaren mit ihm eine Geste und einen dazu gehörenden Satz (z. B. „Ich bin eine Fee und zaubere." Geste: mit der Hand einen imaginären Zauberstab führen). Die Gesten und Sätze sollen zum Thema **Märchen** passen.

Rufen Sie die beiden Ratekinder wieder herein. Abwechselnd rufen diese zwei Schüler auf, die aufstehen, ihre Geste präsentieren und ihren Satz sprechen. Wenn ein „Paar" gefunden wurde, stellen sich diese Schüler hinter das Ratekind, das das Paar gefunden hat. Gewonnen hat das Ratekind, das am Ende die meisten Paare gefunden hat.

21. Prädikat

Übungsstunde

Lösung

Es	lebte	vor langer Zeit	ein Königspaar.	Das	mochte	und	liebte	sich.	Sie
• 1	• 1	• 1	• 2	• 3	• 2	• 4	• 3	• 4	• 3

wünschten	sich	nichts sehnlicher	als ein kleines Kind.	Eines Tages
• 20	• 19	• 4	• 5	• 3

erfüllte sich	ihr Wunsch.	Voller Glück und großer Freude	riefen	sie
• 19	• 5	• 17	• 4	• 2

die zwölf Feen	ihres Landes,	um	mit ihnen	zu feiern.	Leider
• 18	• 6	• 14	• 7	• 5	• 6

vergaßen	sie	eine Fee.	Zur großen Feier	im Schloss	kamen	alle.
• 18	• 17	• 15	• 13	• 5	• 6	• 7

Sie	traten	an die Wiege	und	mit vielen guten Gaben	beschenkten
• 14	• 17	• 14	• 15	• 16	• 7

sie	das kleine Mädchen.	Als	die elfte Fee	vortrat,	um	das Kind
• 13	• 16	• 9	• 10	• 8	• 6	• 9

zu beschenken,	geschah	etwas Unerwartetes.	Die vergessene Fee
• 16	• 10	• 11	• 10

erschien	aus dem Nichts	und	verwünschte	die Prinzessin.	Diese
• 15	• 16	• 12	• 9	• 8	• 10

stach	sich	an ihrem 15. Geburtstag	an einer Spindel	und	daraufhin
• 14	• 15	• 13	• 10	• 11	• 12

schliefen	sie	und	alle	im Schloss	hundert Jahre lang.	Erst dann
• 13	• 12	• 14	• 15	• 9	• 10	• 5

kam	ein Prinz	und	weckte	sie	mit einem Kuss.	ENDE
• 12	• 9	• 12	• 11	• 14	• 11	• 12

Prädikate: es lebte, das war, beide wünschten, ihr Wunsch erfüllte sich, sie riefen, sie vergaßen, alle kamen, sie traten, sie beschenkten, die elfte Fee trat vor, es geschah, die vergessene Fee erschien, die vergessene Fee verwünschte, sie stach sich, sie und alle im Schloss schliefen, ein Prinz kam, ein Prinz weckte

Prädikatsuche

1. Suche in jedem Satz das Prädikat heraus und male das Kästchen, in dem das Prädikat steht, an.

2. Verbinde die Zahlen unter den Prädikaten von 1–20. Wenn du alles richtig gemacht hast, musst du das Blatt noch drehen und siehst ein Bild.

Es	lebte	vor langer Zeit	ein Königspaar.	Das	mochte	und	liebte	sich.	Sie
• 1	• 1	• 1	• 2	• 3	• 2	• 4	• 3	• 4	• 3

wünschten	sich	nichts sehnlicher	als ein kleines Kind.	Eines Tages
• 20	• 19	• 4	• 5	• 3

erfüllte sich	ihr Wunsch.	Voller Glück und großer Freude	riefen	sie
• 19	• 5	• 17	• 4	• 2

die zwölf Feen	ihres Landes,	um	mit ihnen	zu feiern.	Leider
• 18	• 6	• 14	• 7	• 5	• 6

vergaßen	sie	eine Fee.	Zur großen Feier	im Schloss	kamen	alle.
• 18	• 17	• 15	• 13	• 5	• 6	• 7

Sie	traten	an die Wiege	und	mit vielen guten Gaben	beschenkten
• 14	• 17	• 14	• 15	• 16	• 7

sie	das kleine Mädchen.	Als	die elfte Fee	vortrat,	um	das Kind
• 13	• 16	• 9	• 10	• 8	• 6	• 9

zu beschenken,	geschah	etwas Unerwartetes.	Die vergessene Fee
• 16	• 10	• 11	• 10

erschien	aus dem Nichts	und	verwünschte	die Prinzessin.	Diese
• 15	• 16	• 12	• 9	• 8	• 10

stach	sich	an ihrem 15. Geburtstag	an einer Spindel	und	daraufhin
• 14	• 15	• 13	• 10	• 11	• 12

schliefen	sie	und	alle	im Schloss	hundert Jahre lang.	Erst dann
• 13	• 12	• 14	• 15	• 9	• 10	• 5

kam	ein Prinz	und	weckte	sie	mit einem Kuss.	ENDE
• 12	• 9	• 12	• 11	• 14	• 11	• 12

3. Schreibe alle Prädikate mit den Subjekten in dein Heft.

22. Akkusativobjekt

Übungsstunde

Grammatikinformationen

Akkusativobjekte haben die Artikel **den**, **die** oder **das** im Singular, **die** im Plural. Das Akkusativobjekt erfragt man mit der Frage „Wen oder was?". Transitive Verben verlangen neben dem Subjekt ein Akkusativobjekt (z. B. **holen**, **sehen**, **bringen**, **lieben**), d. h. man kann mit diesen Verben keinen vollständigen Satz ohne Subjekt und Akkusativobjekt bilden.

Kompetenzerwartungen

Die Schüler wissen, dass man ein Akkusativobjekt mit der Frage „Wen oder was?" erfragt und können Akkusativobjekte in Sätzen bestimmen.

Materialliste

- KV „Akkusativobjekt-Interview" (Klassensatz)
- eine Flasche

Stundenverlauf

Einstieg (ca. 10 Min.)

Spielen Sie mit den Schülern das Spiel „Ich mag Kühe gern". Setzen Sie sich mit den Kindern in einen Kreis. Üben Sie den folgenden Klatschrhythmus mit den angegebenen Bewegungen mit den Kindern:

- „Ich" (mit beiden Händen auf die Oberschenkel klatschen) – „mag" (vor dem Körper in die Hände klatschen) – „Kühe" (den rechten Arm heben und mit den Fingern der rechten Hand schnipsen) – „gern" (den linken Arm heben und mit den Fingern der linken Hand schnipsen).

Sprechen Sie den ersten Satz. Im Anschluss spricht das Kind, das links neben Ihnen sitzt, den Satz nach und ergänzt „auch" oder „nicht": „Ich – mag – Kühe – auch gern" oder „Ich – mag – Kühe – nicht gern". Dann formuliert das Kind einen eigenen Satz, den sein linkes Nachbarkind wiederholt und ergänzt (z. B. „Ich – mag – Spaghetti – gern.").

Variation

Sollten die Schüler, die gerade nicht dran sind, zu unruhig werden, können Sie das Spiel so variieren, dass die Kinder nach dem Klatschrhythmus den Namen des Kindes rufen, das als Nächstes dran ist. Auch können die Kinder durchgängig den Rhythmus mitmachen, auch wenn sie gerade nicht dran sind. Das Tempo kann gesteigert werden, um das Spiel lustiger zu machen.

Schreiben Sie zwei bis drei Beispielsätze an die Tafel. Unterstreichen Sie das jeweilige Akkusativobjekt und erklären Sie den Kindern, dass dieses Satzglied „Akkusativobjekt" heißt und dass man es mit der Frage „Wen oder was?" erfragt.

Arbeitsphase (ca. 20 Min.)

Verteilen Sie die Arbeitsblätter (KV „Akkusativobjekt-Interview") an die Schüler. Besprechen Sie mit ihnen die Aufgabe: Die Schüler gehen durch den Raum und befragen die Mitschüler. Sie schreiben die Ergebnisse auf und formulieren dabei Sätze, die ein Akkusativobjekt beinhalten. Anschließend unterstreichen die Schüler die Akkusativobjekte.

22. Akkusativobjekt

Übungsstunde

Abschluss/Reflexion (ca. 15 Min.)

Werten Sie mit den Schülern gemeinsam die Interviews aus. Bitten Sie die Schüler, einzelne Antworten vorzulesen, jedoch statt des Schülernamens „XY" zu sagen. Die anderen Schüler dürfen 3-mal raten, von wem die Antwort stammt. Fordern Sie die Schüler auf, ebenfalls das Akkusativobjekt im jeweiligen Satz zu benennen.

Spielen Sie zum Abschluss das Spiel „Flaschendrehen". Schreiben Sie folgende Fragen an die Tafel:

- Wen oder was findest du in der Schule richtig gut?
- Wen oder was würdest du auf eine einsame Insel mitnehmen?
- Was würdest du gerne wegzaubern?

Setzen Sie sich mit den Schülern auf dem Boden in einen Kreis. Wählen Sie eine der Fragen und drehen Sie dann die Flasche. Das Kind, auf das die Flasche zeigt, muss Ihre Frage beantworten und das Akkusativobjekt explizit nennen. Dann darf das Kind die nächste Frage stellen und die Flasche drehen.

Beispiel:
Lehrer: „Wen oder was findest du in der Schule richtig gut?"
Kind: „Ich finde Sport richtig gut. ‚Sport' ist das Akkusativobjekt. Wen oder was würdest du auf eine einsame Insel mitnehmen?"

Akkusativobjekt-Interview

Das Satzglied Akkusativobjekt erhält man,
wenn man die Frage „Wen oder was?“ beantwortet.

1. Gehe durch das Klassenzimmer und befrage deine Mitschüler. Stelle jede Frage zwei Kindern. Schreibe die Antworten bei A1 und A2 auf.

2. Unterstreiche in jeder Antwort das Akkusativobjekt.
Beispiel: Wen rufst du gerne an? A: *Tina ruft gerne ihre Oma an.*

① Wen rufst du gerne an?

A1: ______________________________

A2: ______________________________

② Welchen Star (Wen) würdest du gerne einmal treffen?

A1: ______________________________

A2: ______________________________

③ Was soll dir eine gute Fee herbeizaubern?

A1: ______________________________

A2: ______________________________

④ Was würdest du dir mit einer Million Euro kaufen?

A1: ______________________________

A2: ______________________________

⑤ Wen würdest du gerne auf den Mond schicken?

A1: ______________________________

A2: ______________________________

23. Subjekt und Akkusativobjekt

Übungsstunde

Grammatikinformationen

Subjekte stehen im Nominativ und haben im Singular die Artikel **der**, **die** oder **das**, im Plural den Artikel **die**. Das Subjekt erfragt man mit der Frage: „Wer oder was tut etwas?" Akkusativobjekte haben die Artikel **den**, **die** oder **das** im Singular, **die** im Plural. Das Akkusativobjekt erfragt man mit der Frage „Wen oder was?". Transitive Verben verlangen neben dem Subjekt ein Akkusativobjekt (z. B. **holen**, **sehen**, **bringen**, **lieben**), d. h. man kann mit diesen Verben keinen vollständigen Satz ohne Subjekt und Akkusativobjekt bilden.

Kompetenzerwartungen

Die Schüler bestimmen in Sätzen Subjekte und Akkusativobjekte.

Materialliste

- Kreide in verschiedenen Farben (mindestens weiß, rot, grün)
- KV „Verdrehte Welt" (Klassensatz)

Stundenverlauf

Einstieg (ca. 15 Min.)

Schreiben Sie in die Mitte der Tafel untereinander folgende Verbformen: **holt**, **sieht**, **bringt**, **liebt**, **streichelt**. Bitten Sie die Kinder, die Sätze zu vervollständigen. Schreiben Sie die Ergänzungen der Schüler an die Tafel, sodass vollständige Sätze entstehen. Fordern Sie die Kinder auf, die Satzglieder zu bestimmen. Unterstreichen Sie die Subjekte grün und die Akkusativobjekte rot. Schreiben Sie abschließend über die Subjektspalte **Subjekt: Wer oder was tut etwas?**, über die Akkusativobjektspalte **Wen oder was?**.

Kreisen Sie die Artikel des Subjektes und des Akkusativobjektes ein. Weisen Sie die Schüler darauf hin, dass bei femininen Nomen der Artikel im Nominativ und im Akkusativ gleich ist und man daher aus dem Zusammenhang des Satzes herausfinden muss, ob es sich um ein Subjekt oder ein Akkusativobjekt handelt.

Arbeitsphase (ca. 20 Min.)

Verteilen Sie die Arbeitsblätter. Fordern Sie die Schüler auf, den Zeitungsartikel laut vorzulesen. Besprechen Sie mit den Kindern die Aufgabe. Die Kinder ergänzen die Sätze und unterstreichen Subjekte und Akkusativobjekte in verschiedenen Farben. Anschließend denken sie sich weitere merkwürdige Ereignisse aus und schreiben diese in ihr Heft.

Differenzierung
Leistungsschwächere Schüler können nur einen Teil der Sätze bearbeiten. Schnellere Schüler schreiben bei Nr. 3 mehrere merkwürdige Ereignisse auf.

Abschluss/Reflexion (ca. 10 Min.)

Besprechen Sie mit den Schülern die Aufgabe. Bitten Sie die Kinder, weitere merkwürdige Ereignisse vorzulesen und anschließend Subjekt und Akkusativobjekt zu nennen.

Verdrehte Welt

1. Lies den Zeitungsartikel.

Verdrehte Welt

Berlin Unser Reporter aus der Hauptstadt berichtet über merkwürdige Ereignisse:

Liebe Leser,
ich sichte hier wirklich unglaubliche Dinge:

① Das Osterei versteckt den Osterhasen.
② Die Katzen jagen den Hund.
③ Der Schneeball wirft das Mädchen durch die Luft.
④ Im Supermarkt schiebt der Einkaufswagen einen Mann durch die Gänge.
⑤ Das Kindergartenkind bringt den Vater in den Kindergarten.

Alles ist verdreht! Was wird bloß als Nächstes geschehen?

2. Bringe die Welt wieder in Ordnung. Schreibe die Sätze richtig auf. Unterstreiche die Subjekte grün, die Akkusativobjekte rot.

① Der Osterhase ____________________

② ____________________

③ ____________________

____

④ ____________________

____

⑤ ____________________

____

3. Schreibe weitere merkwürdige Ereignisse in dein Heft und unterstreiche Subjekt und Akkusativobjekt.

24. Dativobjekt

Übungsstunde

Grammatikinformationen

Auf die Frage „Wem?" erhält man ein Nomen im Dativ, ein Dativobjekt.

Deklinationstabelle für Dativobjekte:

	Singular	Plural
Maskulinum	dem Mann	den Männern
Femininum	der Frau	den Frauen
Neutrum	dem Kind	den Kindern

Kompetenzerwartungen

Die Schüler erfragen Dativobjekte und lösen ein Logikrätsel. Sie bilden Sätze mit Dativobjekten.

Materialliste

- KV „Dativobjekt 1 – Im Fundbüro" (Klassensatz)
- KV „Dativobjekt 2" (Klassensatz, einmal auf Folie kopiert)
- eine Flasche
- Overheadprojektor

Stundenverlauf

Einstieg (ca. 5–10 Min.)

Bitten Sie die Schüler, die Augen zu schließen. Gehen Sie durchs Klassenzimmer und sammeln Sie mehrere Gegenstände, die den Kindern gehören, ein. Verdecken Sie diese Gegenstände oder legen Sie sie z. B. auf Ihren Stuhl, sodass die Schüler sie nicht sehen können. Halten Sie einen Gegenstand hoch und fragen Sie: „Wem gehört das?" Das Kind, dem der Gegenstand gehört, meldet sich und antwortet: „Das gehört mir." Zeigen Sie nacheinander auch die anderen Gegenstände. Nehmen Sie aber nicht immer das Kind dran, dem der Gegenstand gehört, sondern auch mal ein anderes Kind, das dann sagen muss: „Das gehört DEM Tobias." Bitten Sie die Schüler, die Artikel „DEM" und „DER" besonders deutlich auszusprechen, damit sie sich diese einprägen können. Evtl. dürfen die Kinder auch ausnahmsweise mal mit dem Finger auf die anderen Kinder zeigen und sagen: „Das gehört Tobias. DEM da./Das gehört Lisa. DER da."

Erklären Sie den Kindern, dass sie soeben Dativobjekte erfragt haben. Schreiben Sie an die Tafel „Satzglied Dativobjekt: Wem?" und erläutern Sie den Schülern, dass man das Satzglied Dativobjekt dann erkennt, wenn man die Frage „Wem?" (z. B. wie hier „Wem gehört etwas?") beantwortet. Leiten Sie zur Arbeitsphase über, indem Sie den Kindern ankündigen, dass sie nun ebenfalls herausfinden sollen, wem etwas gehört.

24. Dativobjekt

Übungsstunde

Arbeitsphase (ca. 25 Min.)

Verteilen Sie das Arbeitsblatt an die Schüler und besprechen Sie es mit den Kindern. Vollziehen Sie in dem Logical den ersten Schritt, bei dem das Kreuz für Jakob gesetzt wird, mit der Klasse nach. Die Schüler lösen anschließend in Einzel- oder Partnerarbeit das Logikrätsel. Bieten Sie nach fünf Minuten für diejenigen Schüler, die es nicht schaffen, ein gemeinsames Bearbeiten an. Lassen Sie sie aber zunächst alleine knobeln.

Die zweite Aufgabe besteht darin, dass die Schüler die Sätze zur Tabelle passend aufschreiben.

Schüler, die das Arbeitsblatt beendet haben, holen sich das zweite Arbeitsblatt (KV „Dativobjekt 2") und bearbeiten es. Sie beantworten Fragen und bilden Sätze mit Dativobjekt. Sinn dieses Blattes ist es, weitere Verben, die ein Dativobjekt verlangen, kennenzulernen und Dativobjekte zu bilden.

Variante

Sie können das zweite Arbeitsblatt auch als Hausaufgabe aufgeben oder als Differenzierung für Schnelle einsetzen.

Abschluss/Reflexion (ca. 15–20 Min.)

Legen Sie das zweite Arbeitsblatt als Folie auf den Overheadprojektor und setzen Sie sich mit den Kindern in einen Kreis auf den Boden. Lesen Sie eine Frage vor und drehen Sie die Flasche. Das Kind, auf das die Flasche zeigt, beantwortet Ihre Frage. Es liest eine weitere Frage vor und dreht die Flasche erneut.

Lösung

	Geldbörse	Zahnspange	Fußball	Buch	Schlüssel
Lea	+	–	–	–	–
Lukas	–	–	–	–	+
Clara	–	+	–	–	–
Julia	–	–	+	–	–
Jakob	–	–	–	+	–

Das Buch gehört Jakob.
Die Geldbörse gehört Lea.
Die Zahnspange gehört Clara.
Der Fußball gehört Julia.
Der Schlüssel gehört Lukas.

Dativobjekt 1 – Im Fundbüro

Ins Fundbüro kommen alle Dinge, die jemand verloren hat.
Heute werden einige von ihren Besitzern abgeholt.

1. Lies die Sätze von ① bis ⑤ und unterstreiche in jedem Satz das Dativobjekt (Frage: „Wem gehört etwas?").

2. Löse das Logikrätsel:

- Schreibe ein + in die Tabellenfelder, wenn du sicher bist, dass der Gegenstand zu der Person gehört.
- Schreibe ein – in die Tabellenfelder, wenn du sicher bist, dass Person und Gegenstand nicht zusammengehören.
- **Achtung:** Jedem gehört nur ein Gegenstand!

① Das Buch gehört Jakob.

② Die Zahnspange gehört dem Mädchen mit der Brille.

③ Die Geldbörse gehört keinem Jungen.

④ Der Fußball gehört nicht der Frau und auch keinem Jungen.

⑤ Der Schlüssel gehört nicht Lea.

	Geldbörse	Zahnspange	Fußball	Buch	Schlüssel
Lea				–	
Lukas				–	
Clara				–	
Julia				–	
Jakob	–	–	–	+	–

3. Schreibe ins Heft, wem welcher Gegenstand gehört.
Schreibe so: Das Buch gehört Jakob.

© Verlag an der Ruhr | Autorin: Nina Wilkening | ISBN 978-3-8346-2489-5 | www.verlagruhr.de

Dativobjekt 2

1. Lies die Fragen und beantworte sie in ganzen Sätzen.

Wem würdest du gerne ein Geschenk machen?

____

Wem möchtest du nie im Dunkeln begegnen?

____

Wem würdest du gerne mal die Meinung sagen?

____

Mit wem würdest du gerne in den Urlaub fahren?

____

Wem würdest du etwas von deinem Pausenbrot abgeben?

____

Mit wem würdest du eine Band gründen?

____

2. Wem gehört was? Schreibe es in ganzen Sätzen auf.

____

____

____

25. Genitivattribut
Übungsstunde

Grammatikinformationen

Der Genitiv zeigt die Herkunft einer Person oder Sache an. Am häufigsten taucht der Genitiv als Genitivattribut auf. Es steht bei einem anderen Nomen, und kennzeichnet seine Zugehörigkeit oder seine Herkunft (z. B. die Augen **deines Vaters**, das Haus **des Nachbarn**). Das Genitivattribut wird mit dem Fragewort „Wessen?" erfragt.

Deklinationstabelle für Nomen im Genitiv:

	Genitiv Singular	Genitiv Plural
Maskulinum	des Mannes/ des Sohnes	der Männer/ der Söhne
Femininum	der Frau/ der Mutter	der Frauen/ der Mütter
Neutrum	des Kindes/ des Buches	der Kinder/ der Bücher

Kompetenzerwartungen

Die Schüler können in einem Satz das Genitivattribut identifizieren und kennzeichnen.

Materialliste

- KV „Logikrätsel Genitiv" (Klassensatz)
- KV „Logikrätsel Genitiv", einmal auf Folie kopiert
- ein Folienstift
- Overheadprojektor

Stundenverlauf

Einstieg (ca. 5–10 Min.)

Spielen Sie das Spiel „Gesucht wird …": Alle Schüler legen sich mit den Armen und dem Kopf auf den Tisch und schließen die Augen. Sprechen Sie langsam und deutlich einen der folgenden Sätze:

- „Gesucht wird die Mutter meiner Mutter."
  (Großmutter)
- „Gesucht wird die Tochter meines Großvaters."
  (Mutter/Tante)
- „Gesucht wird der Sohn meiner Tante."
  (Cousin)
- „Gesucht wird die Tochter meiner Urgroßmutter."
  (Großmutter/Großtante)
- „Gesucht wird die Frau meines Onkels."
  (Tante)

Die Kinder, die die Lösung wissen, melden sich leise. Warten Sie einen Moment ab, bis sich mehrere Kinder melden, und nehmen Sie dann ein Kind dran.

Schreiben Sie an die Tafel **die Mutter meiner Mutter, die Tochter meines Großvaters, die Frau meines Onkels.** Fordern Sie die Schüler auf, die Genitivattribute zu benennen, und unterstreichen Sie diese.

Arbeitsphase (ca. 20–25 Min.)

Verteilen Sie die Arbeitsblätter. Erklären Sie den Schülern die Aufgabe und bearbeiten Sie diese für den ersten Satz zusammen mit den Schülern auf der Folie. Die Schüler lösen das Logikrätsel.

25. Genitivattribut

Übungsstunde

Abschluss/Reflexion (ca. 10 Min.)

Besprechen Sie mit den Schülern anhand der Folie die Ergebnisse. Unterstreichen Sie die Genitivattribute und füllen Sie die Tabelle. Spielen Sie anschließend noch einmal das Spiel „Gesucht wird …".

Variation

Sollten Sie das Gefühl haben, dass die Kinder vom vielen Denken für das Spiel „Gesucht wird …" zu müde sind, können Sie alternativ zur Erholung auch eine Massage-Runde zum Abschluss durchführen. Setzen Sie sich mit den Schülern in einen Kreis, sodass jeder einen Vorder- und einen Hintermann hat. Nennen Sie nacheinander verschiedene Stellen am Rücken, die die Schüler beim Vordermann massieren sollen.

Lösung

Genitivattribute

- 1. Sebastians
- 2. des Mädchens
- 3. Theodors, Elisabeths
- 4. der Schwiegersöhne, Christians
- 5. der 42-jährigen Frau
- 6. des kahlköpfigen Mannes

Name	Verwandtschaftsgrad	Alter
Elisabeth	Mutter	40
Hanne	Tante	42
Jörg	Vater	40
Christian	Onkel	45
Margot	Großmutter	80
Theodor	Großvater	80
Anna	Cousine	11

Logikrätsel Genitiv

Auf dem Bild siehst du die Familie von Sebastian.

1. **Lies die Sätze und unterstreiche alle Genitivattribute (Frage: Wessen?).**

2. **Finde heraus, wie Sebastians Verwandte heißen und wie alt sie sind. Fülle die Tabelle aus.**

① Sebastians Großmutter ist 80 Jahre alt. Sie ist doppelt so alt wie Sebastians Vater.

② Anna ist der Name des Mädchens, das nicht denselben Vater hat wie Sebastian.

③ Margot ist Theodors Frau und die Mutter von Hanne und Elisabeth. Anna ist nicht Elisabeths Tochter, sondern die von Hanne.

④ Das Alter der Schwiegersöhne von Theodor und Margot ist verschieden. Christians Geburt war fünf Jahre vor Jörgs und in seiner Jahreszahl gibt es keine „0“.

⑤ Die Tochter der 42-jährigen Frau ist 11 Jahre alt.

⑥ Die zweite Tochter des kahlköpfigen Mannes ist zwei Jahre jünger als ihre ältere Schwester. Ihr Vater ist doppelt so alt wie die zweite Tochter.

Name	... ist der/die ... von Sebastian	Alter
	Mutter	
	Tante	
	Vater	
	Onkel	
	Großmutter	
	Großvater	
	Cousine	

26. Umstellprobe
Einführungsstunde

Grammatikinformationen

Die Umstellprobe ist ein Verfahren, mit dem man herausfinden kann, welche Wörter im Satz zusammengehören und ein Satzglied bilden. Auch für das Verfassen von Texten ist die Umstellprobe von Bedeutung, da man Sätze abwechslungsreicher gestalten kann, wenn man die Satzglieder umstellt.

Kompetenzerwartungen

Die Schüler können durch die Umstellprobe verschiedene Sätze bilden.

Materialliste

- KV „Zungenbrecher-Umstellprobe" (Klassensatz)
- eine Stoppuhr/Uhr mit Sekundenzeiger

Stundenverlauf

Einstieg (ca. 10 Min.)

Schreiben Sie den Zungenbrecher **Fischers Fritz fischt frische Fische in vierzig Fischfässern** an die Tafel. Bitten Sie die Schüler, den Zungenbrecher 2-mal umzustellen. Als Hilfe können Sie den Anfang eines umgestellten Zungenbrechers **Fischt …** aufschreiben und von den Schülern ergänzen lassen.

Schreiben Sie die beiden umgestellten Sätze an die Tafel. Arbeiten Sie mit den Schülern die Satzglieder heraus und lassen Sie diese an der Tafel im Original-Zungenbrecher einkreisen. Lassen Sie die Kinder Satzglieder benennen, die sie schon kennen. Erklären Sie, dass das soeben angewandte Verfahren **Umstellprobe** heißt und dazu dient, herauszufinden, welche Wörter im Satz ein Satzglied bilden. Durch die Umstellprobe kann man Sätze auch abwechslungsreicher gestalten.

Bitten Sie einen oder mehrere Schüler, alle Sätze an der Tafel möglichst schnell vorzulesen.

Leiten Sie zur Arbeitsphase über und erklären Sie, dass nun weitere Zungenbrecher umgestellt werden sollen und dass am Ende der Stunde ein großer Zungenbrecher-Schnellsprechwettbewerb stattfinden wird.

Arbeitsphase (ca. 25 Min.)

Verteilen Sie die Arbeitsblätter (KV „Zungenbrecher-Umstellprobe"). Die Schüler stellen drei Zungenbrecher um und identifizieren dabei die Satzglieder.

Differenzierung
Leistungsstarke Schüler können auch mehr als zwei Varianten finden. Leistungsschwache Schüler bearbeiten nur zwei Zungenbrecher. Wer fertig ist, übt das schnelle Lesen der Zungenbrechervarianten.

Abschluss/Reflexion (ca. 10 Min.)

Besprechen Sie die Aufgabe. Bitten Sie einzelne Kinder, ihre Zungenbrechervarianten vorzulesen, und lassen Sie weitere Varianten von den anderen Schülern nennen.

Geben Sie allen Schülern ein bis zwei Minuten Zeit, um sich einen Zungenbrecher auszusuchen und das schnelle Lesen der Varianten zu üben.

Fordern Sie einzelne Schüler auf, die geübten Zungenbrechervarianten möglichst schnell vorzutragen, und stoppen Sie dabei die Zeit. Wer den Zungenbrecher am schnellsten ohne Fehler aussprechen kann, gewinnt.

Zungenbrecher-Umstellprobe

1. Lies die Zungenbrecher.

2. Stelle jeden Zungenbrecher 2-mal um und schreibe die umgestellten Sätze auf.

3. Kreise im Original-Zungenbrecher die Satzglieder ein.

Zwanzig Zwerge machen Handstand am Sandstrand.

1. ______________________________

____

2. ______________________________

____

Zehn Ziegen zogen zehn Zentner Zucker zum Zoo.

1. ______________________________

____

2. ______________________________

____

Der dicke Dieter trug die dünne Doris durch den tiefen Dreck.

1. ______________________________

____

2. ______________________________

____

27. Zeitpunkte und Zeitspannen

Übungsstunde

Grammatikinformationen

Zeitangaben werden mit Präpositionen und Nomen ausgedrückt. Die Präpositionen werden mit verschiedenen Fällen verbunden. Auf die Fragen „Seit wann?"/„Wie lange?" wird eine Zeitspanne/ein Zeitraum genannt, auf die Frage „Wann?" ein Zeitpunkt.

Kompetenzerwartungen

Die Schüler können Zeitpunkte und Zeitspannen unterscheiden.

Materialliste

- KV „Zeitpunkt oder Zeitspanne?" (pro Spielgruppe einmal)
- KV „Zeitpunkt oder Zeitspanne?" einmal auf Folie kopiert
- Overheadprojektor
- pro Schüler eine Spielfigur (alternativ ein Chip)
- eine Schere für jeden Schüler
- KV „Doppelkreismatch Zeitangaben" (½ Klassensatz)

Stundenverlauf

Einstieg (ca. 5–10 Min.)

Lesen Sie den Schülern die folgenden Sätze langsam und deutlich vor:

Neulich hörte ich folgendes Gespräch:

- *An welchem Tag hast du Geburtstag? –*
  In vier Monaten und drei Tagen.
- *Wie lange bist du schon acht Jahre alt? –*
  Am 24. August.
- *Wie viele Stunden sind es noch bis Mitternacht? –*
  Um 0 Uhr.
- *Um wie viel Uhr fährt der Bus? –*
  Von Montag bis Samstag.

Bitten Sie die Schüler, sich zu den Sätzen zu äußern. Lesen Sie die Sätze noch einmal vor und bitten Sie die Kinder, passende Antworten zu formulieren. Schreiben Sie die Fragewörter an die Tafel und arbeiten Sie mit den Schülern heraus, dass es sich um Zeitspannen und Zeitpunkte handelt, die erfragt werden.

Leiten Sie zur Arbeitsphase über und erklären Sie, dass die Kinder nun in einem Spiel Zeitpunkte und Zeitspannen unterscheiden sollen.

Arbeitsphase (ca. 25 Min.)

Verteilen Sie die Spielmaterialien (pro Gruppe ein Arbeitsblatt und pro Spieler eine Spielfigur). Lesen Sie die Aufgabe und die Spielanleitung mit den Kindern durch und besprechen Sie sie mit ihnen.

Abschluss/Reflexion (ca. 10–15 Min.)

Bitten Sie die Schüler, sich in einem Doppelkreis (Schüler stehen einander im Außen- und Innenkreis gegenüber und sehen sich an) aufzustellen. Geben Sie den Schülern des Innenkreises die Arbeitsblätter (KV „Doppelkreismatch Zeitangaben") in die Hand und bitten Sie diese, sie einmal in der Mitte zu falten. Die Kinder des Innenkreises behalten die Blätter während der gesamten Phase in der Hand und bleiben auf ihrem Platz stehen. Erklären Sie den Ablauf der Phase: Auf Ihr Kommando (akustisches Signal) lesen die Schüler im Innenkreis die erste Frage vor. Die Schüler des Außenkreises beantworten die Frage und sagen, ob nach einem Zeitpunkt oder einer Zeitspanne gefragt wurde. Danach lesen sie ihre Frage vor und die Schüler im Innenkreis antworten. Auf Ihr Kommando gehen alle Schüler im Außenkreis einen Platz im Uhrzeigersinn weiter, die Innenkreisschüler bleiben stehen.

Sollten Sie noch Zeit übrig haben, können Sie gegen die Klasse das Spiel auf Folie spielen.

Zeitpunkt oder Zeitspanne?

Denk dran:

Zeitangaben in einem Satz geben einen Zeitpunkt oder eine Zeitspanne an.

Zeitpunkt: „Wann?“ → am 10. Mai, an Weihnachten
um 15 Uhr, um Mitternacht
vor drei Tagen

Zeitspanne: „Seit wann?“ → seit heute morgen, seit 40 Jahren
„Wie lange (noch)?“ → fünf Minuten, bis morgen, in zwei Stunden

1. Schneidet die Karten aus.

2. Spielt das Spiel zu zweit oder zu dritt.

- Ihr braucht das Spielfeld, die Zeitkarten und pro Spieler eine Figur.
- Setzt eure Figuren auf das Startfeld.
- Der erste Spieler zieht eine Karte und liest sie dem linken Nachbarn vor. Dieser muss die Zeitangabe bestimmen und sagen, ob es sich um einen Zeitpunkt oder eine Zeitspanne handelt. Bei einem Zeitpunkt rückt er seine Figur nach rechts, bei einer Zeitspanne nach links.
- Gewonnen hat, wer zuerst in einem ZIEL-Feld angekommen ist.

ZIEL	5	4	3	2	1	**START**	1	2	3	4	5	**ZIEL**

seit kurzer Zeit (Zeitspanne)	vor ein paar Tagen (Zeitpunkt)	bis über-morgen (Zeitspanne)	am Mittwoch (Zeitpunkt)	am 24. Dezember (Zeitpunkt)	vor 5 Minuten (Zeitpunkt)
seit fünf Minuten (Zeitspanne)	gegen Abend (Zeitpunkt)	seit vorgestern (Zeitspanne)	für drei Tage (Zeitspanne)	für immer (Zeitspanne)	nach der Pause (Zeitpunkt)
vor Schul-beginn (Zeitpunkt)	vor vielen Jahren (Zeitpunkt)	für zwei Wochen (Zeitspanne)	morgen (Zeitpunkt)	bis morgen (Zeitspanne)	bis zum Abend (Zeitspanne)
vorgestern (Zeitpunkt)	an Ostern (Zeitpunkt)	seit meiner Geburt (Zeitspanne)	an meinem Geburtstag (Zeitpunkt)	seit immer und ewig (Zeitspanne)	bis Montag (Zeitspanne)

Doppelkreismatch Zeitangaben

	Fragen Außenkreis		Fragen Innenkreis
1	Seit wann bist du in der Schule? (Zeitspanne)	1	Wie lange dauert diese Stunde noch? (Zeitspanne)
2	Wann stehst du morgens auf? (Zeitpunkt)	2	Wie lange möchtest du zu Hause wohnen? (Zeitspanne)
3	Seit wann putzt du dir alleine die Zähne? (Zeitspanne)	3	Wie lange dauert deine Lieblingssendung? (Zeitspanne)
4	Seit wann trägst du deine Strümpfe? (Zeitspanne)	4	Seit wann kannst du laufen? (Zeitspanne)
5	Vor wie vielen Tagen war Wochenende? (Zeitpunkt)	5	Seit wie viel Stunden bist du wach? (Zeitspanne)
6	Wann ist Weihnachten? (Zeitpunkt)	6	Wie lange dauert es bis zu deinem Geburtstag? (Zeitspanne)
7	Wie lange musst du nach Hause laufen? (Zeitspanne)	7	Wann möchtest du heiraten? (Zeitpunkt)

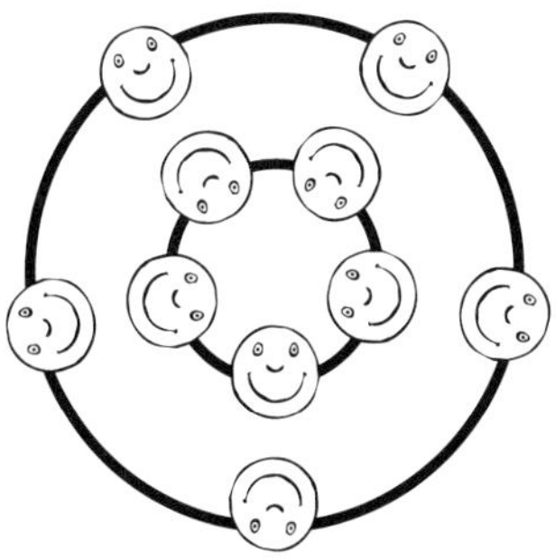

28. Ortsangaben
Einführungsstunde

Grammatikinformationen

Ortsangaben werden mit Präpositionen verbunden, die ein Nomen in einem bestimmten Fall verlangen. Ortsangaben können durch die Fragen „Wo?", „Wohin?" und „Woher?" im Satz erfragt werden.

Wo?: **im/in** + Dativ
(**im** Bett – eigentlich **in dem Bett/in der Dusche**),
Wohin?: **in** + Akkusativ
(**ins Bett – eigentlich in das Bett/in die Dusche**),
Woher?: **aus** + Dativ
(**aus dem Bett/aus der Dusche**)

Kompetenzerwartungen

Die Schüler können Ortsangaben im Satz erfragen und bestimmen.

Materialliste

- KV „Wo? Wohin? Woher?" (Klassensatz)
- ein Ball (alternativ ein zusammengeknülltes Blatt Papier)

Stundenverlauf

Einstieg (ca. 10 Min.)

Spielen Sie eine Variante des Spiels „Obstsalat". Bilden Sie mit den Schülern einen Stuhlkreis. Schreiben Sie **Wo?**, **Woher?**, **Wohin?** an die Tafel. Fordern Sie die Schüler auf, wie beim Abzählen, sich einem der Fragewörter zuzuordnen: Das erste Kind sagt „Wo?" und merkt sich, dass es zur „Wo?"-Gruppe gehört, das nächste Kind sagt „Woher?" und merkt sich, dass es zur „Woher?"-Gruppe gehört usw. Nehmen Sie einen Stuhl weg. Das Kind, dem der Stuhl gehört, stellt sich in die Mitte. Nennen Sie einen Antwortsatz, in dem eine Ortsangabe vorkommt (z. B. „Die Kinder kommen aus der Schule.").

Die Kinder überlegen, welche Frage man stellen kann, die von ihrem Satz beantwortet wird („Woher kommen die Kinder?"). Alle Kinder der „Woher?"-Gruppe tauschen ihre Plätze. Das Kind in der Mitte versucht, einen freien Platz zu ergattern.

Bitten Sie die Schüler nach ca. 10 Minuten, wieder auf den Platz zurückzukehren.

Arbeitsphase (ca. 20 Min.)

Verteilen Sie die Arbeitsblätter (KV „Wo? Wohin? Woher?") und besprechen Sie die Aufgabe mit den Kindern.

Die Schüler bestimmen die Ortsangaben in Sätzen und stellen die passenden Fragen.

In der zweiten Aufgabe bilden sie eigene Sätze mit Ortsangaben.

Abschluss/Reflexion (ca. 15 Min.)

Besprechen Sie die Aufgaben mit den Schülern. Lassen Sie für jeden Satz auch die Frage und die Ortsangabe nennen. Spielen Sie mit den Kindern folgendes Spiel: Werfen Sie einem Kind einen Ball zu und sprechen Sie dabei einen Satz, der eine Ortsangabe enthält (z. B. „Die Kartoffeln liegen im Keller."). Das Kind, das den Ball fängt, muss die passende Frage stellen („Wo liegen die Kartoffeln?"). Dann darf das Kind den Ball einem anderen zuwerfen und einen Antwortsatz nennen.

Wo? Wohin? Woher?

Denk dran:

In einem Satz kannst du Ortsangaben mit den Fragen „Wo?“, „Wohin?“ oder „Woher?“ erfragen.

1. Lies die Sätze und markiere die Ortsangabe farbig.

2. Entscheide, welche Frage du stellen musst. Male das Kästchen in der richtigen Spalte an.

	Wo?	Wohin?	Woher?
Ich liege im Bett.	5	2	4
Kommst du mit mir ins Kino?	3	2	1
Um sieben Uhr muss ich zur Bushaltestelle gehen.	8	1	3
In den Sommerferien fährt Max nach Italien.	0	3	2
Das Mittagessen steht auf dem Tisch.	3	1	6
Hole bitte die Marmelade aus dem Kühlschrank.	6	4	0
Aus dem Radio ertönt laute Musik.	5	3	7
In der Wiege schreit das Baby.	3	7	2
Wer Brötchen haben will, muss zum Bäcker gehen.	0	2	9
Wilde Tiere leben in Afrika oder im Zoo.	3	2	5

3. Zähle die Zahlen in den angemalten Kästchen zusammen. Wenn du alles richtig gemacht hast, kommt die Zahl 29 raus.

4. Nun bist du dran: Schreibe eigene Sätze. Achte darauf, dass du die Ortsangaben zu den Fragen passend auswählst.

	Wo?	Wohin?	Woher?
	5	3	2
	1	4	3
	4	5	7
	2	3	1
	4	5	7

29. Prädikate im Aussagesatz

Einführungsstunde

Grammatikinformationen

Im deutschen Aussagesatz steht das Prädikat immer an der 2. Stelle.

Nach einem Aussagesatz steht als Satzzeichen ein Punkt (.).

Kompetenzerwartungen

Die Schüler wissen, dass in Aussagesätzen das Prädikat an 2. Stelle steht und dass Aussagesätze mit einem Punkt enden. Sie können korrekte Aussagesätze bilden.

Materialliste

- ein Kartensatz (KV „Aussagesatz-Spiel: Spielanleitung und Karten") zerschnitten – Sie benötigen der Anzahl Ihrer Schüler entsprechend viele Karten. Wählen Sie diese so, dass Sätze gebildet werden können. Sollte die Schülerzahl nicht durch vier teilbar sein, bekommen einzelne Kinder mehrere (sinngemäß zusammenpassende) Karten, z. B. **bringt** und **Geschenke**.
- pro Spielgruppe: ein Kartensatz, einmal die Spielanleitung (KV „Aussagesatz-Spiel: Spielanleitung und Karten"), evtl. für jeden Kartensatz einen Briefumschlag zum Aufbewahren
- für jeden Spieler ein Spielfeld (KV „Aussagesatz-Spiel: Spielfelder")

Stundenverlauf

Vorbereitung

Schneiden Sie für die Einstiegsphase einen Kartensatz und für jede Spielgruppe einen eigenen Kartensatz aus. Wenn die Schüler die Karten ausschneiden, sollten Sie für die Arbeitsphase fünf Minuten mehr Zeit berechnen.

Einstieg (ca. 15 Min.)

Verteilen Sie die Karten an die Schüler. Bitten Sie die Kinder, sich in Gruppen zusammenzufinden, sodass sich sinnvolle Aussagesätze ergeben.

Wenn sich die Gruppen gebildet haben, bitten Sie sie, ihren Satz vorzulesen. Schreiben Sie diesen an die Tafel. Schreiben Sie alle anderen Sätze unter den ersten Satz an der Tafel. Lassen Sie zwischen den einzelnen Satzgliedern eine Lücke, sodass in der gemeinsamen Besprechung gut erkannt werden kann, dass das Prädikat immer an der 2. Stelle steht. Sollten Kinder übrig bleiben, überlegen Sie, nachdem alle Sätze an der Tafel stehen, gemeinsam mit der Klasse, in welchem Satz die übrig gebliebenen Kinder, ihre Satzglieder hätten unterbringen können, und ergänzen diese in den Sätzen.

Bitten Sie die Schüler, sich auf ihre Plätze zu setzen, und fahren Sie mit der Besprechung fort. Fordern Sie die Schüler auf, sich die Sätze anzusehen und Gemeinsamkeiten herauszufinden. Eventuell ist es notwendig, dass sie in einem oder mehreren Sätzen die Satzglieder umstellen, um deutlich zu machen, dass nur die Position des Prädikats (an 2. Stelle) wichtig ist, um den Aussagesatz zu kennzeichnen.

Leiten Sie zur Arbeitsphase über und erklären Sie den Schülern, dass sie nun in einem Spiel diese Erkenntnis (dass das Prädikat im Aussagesatz an 2. Stelle steht) festigen werden.

29. Prädikate im Aussagesatz

Einführungsstunde

Arbeitsphase (ca. 20–25 Min.)

Verteilen Sie die Spielmaterialien an die Gruppen. Lesen Sie gemeinsam die Spielanleitung und lassen Sie diese von einem Kind wiederholen.

Die Schüler spielen in Spielgruppen von 2–4 Kindern das Spiel. Sie ziehen Satzglieder-Karten und sammeln diese so lange, bis sie Sätze bilden können. Sie schreiben die Sätze in ihr Spielfeld. Gewonnen hat, wer zuerst fünf sinnvolle Sätze aufgeschrieben hat.

Differenzierung

Leistungsschwächere Schüler verteilen die Karten offen auf dem Tisch und bilden nur drei Sätze. Schnellere Schüler versuchen nach dem Spiel, mit den offenen Karten möglichst lustige Sätze zu bilden.

Abschluss/Reflexion (ca. 5–10 Min.)

Bitten Sie einige Schüler, ihre Sätze vorzulesen, und überprüfen Sie gemeinsam mit den Schülern, ob es sich um sinnvolle Aussagesätze handelt. Lassen Sie ein Kind zusammenfassen, was es über Aussagesätze gelernt hat.

Nr.	**Subjekt** Wer?	**Prädikat** Was tut er?	**Dativobjekt** Wem?	**Akkusativobjekt** Wen oder was?	
1	Der Vater	verkauft	dem Mann	ein Brötchen	.
2	Der Opa	holt	den Kindern	Geschenke	.
3	Der Nikolaus	trägt	mir	die Tasche	.
4	Der Hund	bringt	der Oma	einen Brief	.
5	Die Mutter	schickt	ihm	einen Ball	.

Aussagesatz-Spiel: Spielanleitung und Karten

Spielregeln für das Satzspiel:

1. Jeder Spieler braucht ein Spielfeld und einen Stift.
2. Verteilt die Karten verdeckt auf dem Tisch.
3. Alle Spieler ziehen nacheinander jeweils eine Karte und legen sie vor sich hin. Die Spieler versuchen, mit den weiteren Karten, die sie ziehen, Sätze zu bilden. Hat ein Spieler einen vollständigen, sinnvollen Satz gezogen, schreibt er ihn in sein Spielfeld und legt die Karten, die er dafür benötigte, auf einen Stapel.
4. Wurden alle Karten verwendet, werden die Karten auf dem Stapel gemischt und wieder ausgelegt.
5. Gewonnen hat, wer zuerst alle 5 Sätze in sein Spielfeld eingetragen hat.

DIE MUTTER	KOCHT	DER FAMILIE	DIE SUPPE
DER VATER	SCHENKT	DIR	BLUMEN
DER NACHBAR	GIBT	DEM HUND	DAS FUTTER
DER OPA	KAUFT	MIR	EIN BRÖTCHEN
DIE VERKÄUFERIN	VERKAUFT	DEM MANN	DIE TASCHE
DER HUND	HOLT	IHM	EINEN BALL
DER NETTE MANN	TRÄGT	DER OMA	DEN KOFFER
DER FREUND	SCHICKT	IHR	EINEN BRIEF
DER NIKOLAUS	BRINGT	DEN KINDERN	GESCHENKE
DIE TANTE	BACKT	DEN GÄSTEN	EINEN KUCHEN

Aussagesatz-Spiel: Spielfelder

Name: ____________________

Nr.	**Subjekt** Wer?	**Prädikat** Was tut er?	**Dativobjekt** Wem?	**Akkusativobjekt** Wen oder was?	
1					.
2					.
3					.
4					.
5					.

Name: ____________________

Nr.	**Subjekt** Wer?	**Prädikat** Was tut er?	**Dativobjekt** Wem?	**Akkusativobjekt** Wen oder was?	
1					.
2					.
3					.
4					.
5					.

30. Fragesätze mit W-Fragen

Übungsstunde

Grammatikinformationen

Unter dem Begriff **W-Fragen** werden Fragen verstanden, deren Fragewort mit dem Buchstaben **W** beginnt, z. B. „Wer?“, „Was?“, „Wohin?“, „Wozu?“, „Warum?“, „Wann?“ usw.

Kompetenzerwartungen

Die Schüler kennen den Begriff **W-Fragen** und können Fragesätze, die mit einem W-Fragewort beginnen, korrekt formulieren.

Materialliste

- KV „W-Fragen“ (Klassensatz)
- ein Ball (alternativ ein zusammengeknülltes Papier)

Stundenverlauf

Einstieg (ca. 5 Min.)

Malen Sie die Umrisse einer Mindmap an die Tafel. Schreiben Sie in den Kreis **W-Fragen** und an einen Ast **Wer?**. Fordern Sie die Schüler auf, weitere W-Fragen zu stellen, und notieren Sie diese.

Bitten Sie die Schüler, Beispielsätze mit W-Fragen zu formulieren.

Arbeitsphase (ca. 35 Min.)

1. Bingo (frontal): Verteilen Sie die Arbeitsblätter an die Schüler und erklären Sie die Bingoregeln:
Gespielt wird nur im oberen Feld. Sie lesen zwölf Antwortsätze vor (Texte auf S. 93). Die Schüler bekommen nach jedem vorgelesenen Satz Zeit, um einen Fragesatz, der mit einer W-Frage beginnen muss, in eines der neun Bingofelder zu schreiben. Dabei sollen sie aber nicht die Fragewörter „Wer oder was?“ verwenden. Erarbeiten Sie gemeinsam ein Beispiel, z. B.: „Um acht Uhr fängt die Schule an.“ Die Kinder schreiben: „Wann fängt die Schule an?“ Die Schüler müssen beim Befüllen der Felder nicht ein Feld nach dem anderen beschreiben, sondern dürfen die Reihenfolge frei wählen. Weisen Sie die Schüler darauf hin, dass sie nicht zu allen zwölf Sätzen, sondern nur zu neun Sätzen Fragen formulieren sollen, also insgesamt drei Pausen einlegen müssen.

Lesen Sie in der zweiten Runde die Fragesätze vor. Die Schüler sehen auf ihren Bingozetteln nach, ob sie den vorgelesenen Fragesatz aufgeschrieben haben, und durchkreuzen das Feld. Wer drei Felder senkrecht, waagerecht oder diagonal nebeneinander angekreuzt hat, ruft laut „Bingo“. Das Kind kommt zu Ihnen und Sie überprüfen, ob das Kind die vorgelesenen Sätze richtig angekreuzt hat.

Gewonnen haben die Kinder, die als Erste eine Bingoreihe, zwei Bingoreihen bzw. alle Bingofelder angekreuzt haben.

2. Einzelarbeitsphase: Die Schüler bearbeiten die Aufgabe auf dem unteren Teil des Arbeitsblattes. Sie lesen Sätze, ergänzen ein Fragewort und verbinden Fragesätze mit Antwortsätzen.

Abschluss/Reflexion (ca. 5 Min.)

Spielen Sie zum Abschluss ein Ballspiel: Stellen Sie sich mit allen Kindern in einen Kreis. Werfen Sie den Ball einem Kind zu und nennen Sie dabei einen Antwortsatz. Das Kind, das den Ball fängt, formuliert den Fragesatz. Im Anschluss wirft es den Ball einem anderen Kind zu und nennt dabei einen Antwortsatz, das neue Kind stellt die passende Frage. Wer dran war, setzt sich hin.

30. Fragesätze mit W-Fragen

Übungsstunde

Die Antwort, die Sie vorlesen	Die Frage, die die Schüler aufschreiben
Es ist sieben Uhr.	Wie viel Uhr ist es?
Mein Name ist Luca.	Wie ist dein Name?/Wie heißt du?
Da vorne wohne ich.	Wo wohnst du?
Mir geht es gut.	Wie geht es dir?
Ein Elefant wiegt eine Tonne.	Wie viel wiegt ein Elefant?
Emma ist neun Jahre alt.	Wie alt ist Emma?
Wir feiern am 24. Dezember.	Wann feiern wir?
Katzen fressen Mäuse.	Was fressen Katzen?
Ich freue mich, weil die Sonne scheint.	Warum freust du dich?
Regenschirme gibt es, damit man nicht nass wird.	Wozu gibt es Regenschirme?
Ich liege auf der Wiese.	Wo liegst du?
Heute ist Sonntag.	Welcher Tag ist heute?/Was für ein Tag ist heute?

Lösung

Was legen Hühner?	Es fällt kein Schnee, weil es zu warm ist.
Wozu braucht man eine Lupe?	Man braucht sie, um sich zu wärmen.
Warum fällt im Sommer kein Schnee?	Sie legen Eier.
Wie viele Stunden hat ein Tag?	Er hat 24 Stunden.
Wozu braucht man eine Decke?	Man braucht sie, um etwas zu vergrößern.

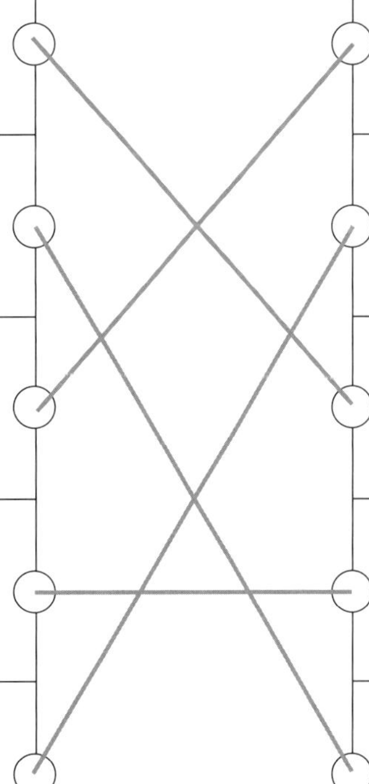

W-Fragen

1. Spielt das Bingo-Spiel.

2. Lies die Fragesätze und ergänze die W-Fragen.

3. Verbinde die Fragesätze mit den Antwortsätzen.

______ legen Hühner?	Es fällt kein Schnee, weil es zu warm ist.
______ braucht man eine Lupe?	Man braucht sie, um sich zu wärmen.
______ fällt im Sommer kein Schnee?	Sie legen Eier.
______ Stunden hat ein Tag?	Er hat 24 Stunden.
______ braucht man eine Decke?	Man braucht sie, um etwas zu vergrößern.

Medientipps

Barth, Katrin; Maak, Angela:
Deutsch mit dem ganzen Körper.
60 Bewegungsspiele für alle Bereiche des Deutschunterrichts.
Kl. 1–4. Verlag an der Ruhr, 2009.
ISBN 978-3-8346-0481-1

Bünting, Karl-Dieter:
Grammatik – Alles, was GrundschullehrerInnen wissen müssen. Kompaktwissen, Schnellinfos von A-Z, Kopiervorlagen auf CD-ROM.
Kl. 1–4. Verlag an der Ruhr, 2012.
ISBN 978-3-8346-0865-9

Bünting, Karl-Dieter:
Die Satzbaustelle. Satzbau anschaulich – mit Poster und differenzierten Arbeitsblättern.
Kl. 2–4. Verlag an der Ruhr, 2010.
ISBN 978-3-8346-0619-8

Grabe, Astrid; Mucha, Andrea:
Handwerkszeug Grammatik. Satzglieder.
Kl. 3/4. Verlag an der Ruhr, 2005.
ISBN 978-3-86072-959-5

Grabe, Astrid; Mucha, Andrea:
Handwerkszeug Grammatik. Wort und Wortarten.
Kl. 2/3. Verlag an der Ruhr, 2005.
ISBN 978-3-86072-969-4

Grabe, Astrid; Mucha, Andrea:
Handwerkszeug Grammatik.
Zeitformen: Vergangenheit, Gegenwart, Zukunft.
Kl. 3/4. Verlag an der Ruhr, 2006.
ISBN 978-3-8346-0180-3

Roller, Monika:
Kinder entdecken die Wortarten.
Eine Grammatikkartei zu den Montessori-Wortartensymbolen.
Kl. 1–4. Brigg, 2013.
ISBN 978-3-87101-432-1

Wilkening, Nina:
50 Grammatik-Spiele für die Grundschule.
Spielanleitungen und Kopiervorlagen.
Kl. 2–4. Verlag an der Ruhr, 2013.
ISBN 978-3-8346-2313-3

Holzwarth-Raether, Ulrike; Müller-Wolfangel, Ute:
Duden – Die Grundschulgrammatik.
So funktioniert Sprache.
Ab 7 J. Bibliographisches Institut, Mannheim, 2013.
ISBN 978-3-411-71882-5